今日から
うまくいく
シンプルな
77のこと

自分をよろこばせる習慣

田中克成 Katsunari Tanaka

すばる舎

「悦《えつ》」＝喜ぶこと。嬉しがること。機嫌のよいこと。（『広辞苑』より）

「悦《えつ》る」とは、
うまくいく人だけが知っているシンプルな
習慣のことである。

「どうすれば、幸せになれるんだろう？」

「どうして、こんな人生になってしまったんだろう？」

「私も、あの人たちみたいにキラキラした毎日を送ってみたかった……」

「どこで、選択を間違えちゃったんだろう？」

「どうして、私は私で生まれてこなければならなかったんだろう？」


こんなふうに、以前の私も、自分自身や人生を嘆《なげ》いていた時期があります。

もしかしたら、本書を手に取られたあなたも、
そうかもしれません。

でも、安心してください。

あなたが、この本を読み終えるころには、理想とする幸せな人生を取り戻すのに必要なシンプルなコツを、完全に理解しているはずです。

それには、特別な才能や努力は必要ありません。
ただ、「今」という時間を、悦《えつ》ればいいだけです。

「えつる?」

そう、これが本書のテーマです。

あなたが、あなたらしく最高に楽しい人生を手にするためのマスターキー。
それが「悦」です。

まずは、次の質問に答えてみてください。

・子どものころになりたかった職業は何ですか？
・昔から好きなことは何でしょうか？
・ずっとハマってやっていることはありますか？
・あなたが「私（僕）、イケてる！」と思う瞬間は、どんなときですか？
・お気に入りのものは何ですか？
・誰にも気づかれない、ちょっとしたこだわりは何ですか？
・あなたが習慣にしていることはどんなことですか？

これらの質問の答えのなかに、幸せになるための〝あなたの悦〟が隠されています。

「私の悦？　それって何だろう？」

ページをめくるたびに、どんどん明らかになっていきます。

もっと肩の力を抜いて、リラックスして、
あなたの「悦」を探す旅に出かけてください。
あなたが、あなたらしい自分を取り戻すまで、

残り2時間……。

ご満悦な人生に、いってらっしゃい！

はじめに

幸せを手に入れるシンプルで究極の習慣

人はなぜ「習慣」をテーマにした本を、手にするのでしょうか?

そもそも、私たちがいい習慣を日常に取り入れようと思う目的に立ち返ってみると、「幸せな人生を送りたい」という、ただそれだけの理由ではないでしょうか。

それにもかかわらず、幸せになるためにさまざまな〝習慣化〟にチャレンジしてみては、三日坊主な自分に、新たな悩みを増やしている方がじつに多いように思います。

そんな人たちのために、この本を書きました。


人は、自分の「悦《よろこ》び」を探すだけで、幸せな人生を手に入れられます。

悦び? あまり使わない漢字ですよね。なぜ、「喜び」ではなく「悦び」なのかはこのあとで説明しますが、じつは、自分の人生を幸せにするためにやるべきことは、そんなに多くはありません。継続することが難しい習慣も必要ありません。また、たくさんのお金も、長い時間も必要としません。

幸せな人生を手に入れるために意識すべきことは、

「嫌いな自分でいる時間を減らして、好きな自分でいられる時間を増やす」

これだけです。

好きなことを仕事にする必要もありません。「好きな自分でいること」で、今の仕事もどんどん好きになっていきます。

仕事が好きになれば当然、収入も上がります。自然と「自分は運がいい」と感じられるようにもなります。運がいいと思えると、コミュニケーション力も高まります。

すると、みんながあなたにいい情報をたくさん、ささやいてくれるようになります。苦手な人もいなくなり、あなたの自尊心を傷つけるような人は誰もいなくなります。

何よりも、まずは「自分の悦び」を探すこと

かくいう私も、これまでの人生で自己嫌悪に陥り、生まれてきたことを憎んでいた時期がありました。自分のことばかり考えてみんなに嫌われたり、逆に、人のためにばかり動いて自分が病んでしまったり……。

33歳で立身出世《りっしんしゅっせ》を志して脱サラ。500人を超える成功者の半生を隅《すみ》から隅までインタビューし、多くの成功法則を学びました。

37歳のときに小さな出版社を創業して、本を山ほど積んだリヤカーを引いて全国を行商する旅をしながら、成功とは何かをさらに探究しました。

数多くの出会いのなかで、成功者にも「幸せな成功者」と「不幸せな成功者」がいることを知りました。幸せな成功者のなかに「人格者」と呼べる人が少ないことには、心底、落胆しました。人格者であればあるほど、悩み多き人生を過ごしていたからです。

地方を旅すると、私が研究していた成功、つまり世間一般に知られる成功法則は、大都

市でしか再現性のない限定的なものだということに愕然《がくぜん》としました。
日本を出て途上国を旅してみると、成功などという大それた人生計画そのものが可能性はほとんどゼロに等しい、という現実を目の当たりにしました。

それでもなお、誰もが幸せに成功するためには？　みんなが幸せな人生を手に入れるためには？　そんなことを長い歳月をかけて研究しました。人格や才能、地域や環境に左右されず、幸せな成功者に共通することは何かを探し続けてきました。

その結果たどり着いたのが、

「人は、自分の悦びを探すだけで、
幸せな人生を手に入れられる」

というシンプルな原則です。

自分のことが好きでいつも楽しそうな人たちは、特別な習慣をほとんどやっていません。
大成功されている方に「毎朝、トイレを素手で掃除していますか？」と訊ねると、10人中9人は「していない」と即答します。「たくさん本を読んで勉強していますか?」と聞くと、10人中6人は「そんなに読んでいないよ」と答えます。「早起きをしていますか?」と聞くと、想像よりも多くの成功者が「朝は苦手だ」と答えるでしょう。

ですが、**10人中10人が「やっている」と答えること、それが本書のテーマでもある「悦」です。幸せな成功者たちは、誰にでも実践できる小さな「悦び」を、日常のなかに取り入れているのです。**

それは、すごくシンプルな習慣です。

なぜ「喜ぶ」ではなく、「悦ぶ」なのか?

さて、本書の冒頭から言っている「悦」。

肝心なのは「悦」という漢字の意味を最初に理解することです。

「悦」は訓読すると「よろこぶ」と読みます。

「よろこぶ」を漢字で書くときに、通常あなたが使うのは「喜ぶ」ですよね。

では、「悦ぶ」と「喜ぶ」はどう違うのでしょう。

その違いについて、少しお話ししていきます。

まずは「喜」を使うときです。

「喜」は、自分以外の外側から「よろこべる何か」がやってきたときに湧いてくる感情のときに使う漢字です。外側（誰か）からやってきた何かが、自分の希望や期待や好みに一致していたときに湧いてくる感情。もう少しわかりやすく言うと、たとえば「欲しかったプレゼントをもらって嬉しい」というときの感情は「喜ぶ」です。

「大好きなミュージシャンのライブが、すごくよかった」というのも、外側の条件が自分の希望や期待や好みに一致したときに湧いてくるので「喜ぶ」です。

まったく欲しくないプレゼントをもらっても喜べないですし、まったく興味のないミュージシャンのライブに連れて行かれたところで、それほど喜べないでしょう。

要するに、自分の外側に要因があるので、「喜ぶ」はコントロールすることができません。厳密にいうと「喜ばされた」というときに使う漢字、ということになります。

では、続いて「悦」を見てみましょう。

もともと「悦」という漢字は、「祈りによって邪気《じゃき》が祓《はら》われ、スッキリしたときのよろこび」を表した漢字だそうです。**「ご満悦」や「悦に入る」といった表現でも使われます。「喜び」とは違って、自分の内側から湧いてくるよろこびのときに使います。ひと言でいうと「自己満足」で湧いてくるよろこびの感情です。**

外側によろこべる要因があるのではなく、自分の内側から湧いてくる。つまり、自分の心をよろこばせることが「悦」なのです。

誰かからプレゼントをもらうのではなく、プレゼントを贈ろうと選んでいるときのワクワクを「悦び」という漢字で表現するのです。「さあ、これから大好きなミュージシャンのライブに行くぞ！」とワクワクしますね。これも「悦ぶ」です。

自分の希望や期待や好みを自分自身が知っていれば、他人の評価や社会のしがらみを介せずいつでも「悦ぶ」ことができるので「喜ぶ」とは違ってコントロールできます。ほかの誰かや何かのおかげで「喜ばされる」のではなく、自分の意思で「悦ぶ」のです。

このことを専門的な言葉を使うと「外発的動機」か「内発的動機」か、となります。

コントロールできない「喜ぶ（外発的）」と、自分でコントロールできる「悦ぶ（内発的)」、どちらが自分の人生を豊かにできると思いますか?

もちろん、コントロール可能な後者ですよね。

あなたの人生はあなた自身のものです。あなたがコントロールできない他人や何かに期待していたら、偶然でしか幸せになることはできません。運がよかったとか、運が悪かったとか、助けてもらったとか、助けてもらえなかったとか、そんな〝たまたま〟に振り回される人生では、この先、不安でしかありませんよね。


コントロールできることをコントロールすること。

コントロールできないことをコントロールしようとしないこと。

幸せになるには、たったこれだけです。

もう一度言いますね。


「コントロールできることをコントロールする。コントロールできないことをコントロールしない」

こんな当たり前のシンプルなことをなかなかできずに、私たちは、コントロールできないまわりのできごとに一喜一憂《いっきいちゆう》したり、期待したり、すがったりして、自分の人生の主導権を見失ってしまうのです。

「あなたが」幸せになるための本

ここでひとつ、質問させてください。

あなたにとって幸せな人生とは、どんなものでしょうか？

大会社の社長や、暗号通貨などで巨万の富を得た、お金持ちの人生でしょうか？

芸能界や、SNSできらびやかに活躍して、大勢のファンがいる人生でしょうか？

正直に言います。この本でお伝えする内容は、そういった社会的に輝かしい成功を収めるための方法ではありません。

今すぐ「あなたが」幸せになる方法です。

成功者が語る美しい成功法則やノウハウをいくら学んでも、あなたの幸せとは相関関係はありません。

ほかの人がこうしたらうまくいったという方法論ではなく、あなた自身が自分の「悦び」を見つけなければ、本当の「幸せ」は得られないのです。


多くの人にとって、明日、人生に劇的な変化は起こりません。

今日と同じような明日がまたやってきて、人生の大部分は過ぎていきます。

ですが、視点が変わると、いつもと同じはずの景色は180度違って見えます。

今ある普通の生活を〝悦れる毎日〟にすることができれば、あなたの人生は幸せそのものです。あなたが「悦」に囲まれて、あなたらしくいればいるほど、あなたのまわりにいる人もみんな、笑顔が増えていきます。


本書は、本当の自分の幸せや、自分らしさを見つけたいと思っている、そんなあなたにピッタリな本です。

「悦る習慣」、つまり〝自分をよろこばせる習慣〟は、あなたの人生が根底から変わるシンプルでドラマチックな方法です。

次章から、あなたの人生が幸せになるための77個の「自分をよろこばせる習慣」を紹介していきます。今日からやってみたいこともあるでしょうし、今すぐ取り組むのは難しいこともあると思います。

コツは、決して一度に多くをやろうとしないことです。

77個の習慣のなかから1個か2個だけ選んで〝試しに〟やってみてください。苦痛になったらすぐにやめると決めて、次の習慣をまた試してみてください。

大事なことは、習慣を続けることではありません。
自分の悦びを探し続けることです。

あなたの日常にあるたくさんの「悦」を発見して、〝悦っている自分〟の時間をより増やそうとし続けることが何より大切です。なぜなら、人は自分の「悦び」を探すだけで、最高の人生を手に入れられるのですから。

もくじ

自分をよろこばせる習慣

今日からうまくいくシンプルな77のこと

第1章

毎日を「悦び」で埋めていく

第2章

自分を好きになるためのシンプルなコツ

第3章

幸せの探究者であれ

第4章

「悦」は、いい言葉に宿る

第5章

あなたがヒーローになろう

第6章

超・自己中心主義で進もう

第7章

「応援される人」になるために

第8章

「お金」と「仕事」と「悦び」の関係

第9章 いつでも悦べる生き方

編集協力 戸田美紀
企画協力 悦コミュ！ ギフラボ
ブックデザイン 池上幸一

第1章

毎日を「悦び」で埋めていく

01

最高の1日をはじめるために

自分が心地よくなれる朝の習慣と、寝る前にリラックスできる習慣を持つことで、1日のはじまりと終わりをコントロールすることができます。

昼間は気を張って仕事をしなければいけない状況もありますから、朝と夜に心地よい時間を生み出す習慣を持つことは、最高の1日をつくるためにも大切です。

人生を満喫している人には、毎朝、決まった習慣を持っている人が多いです。

たとえば私が尊敬する社長のひとりは、毎朝ご自宅のヒノキ造りの露天風呂に薔薇《ばら》の花びらを敷き詰めて入浴しているそうです。「ほかにも、やっている朝の習慣はありますか？」と聞くと、ゴルフの空スイングをして、「お、今日もキレてるね」と自分を称賛することだそうです。ヒノキの露天風呂は無理でも、これなら私たちにもできそうですよね。

一流のホテルであるリッツ・カールトンの初代日本支社長の高野登さんは、40年間、独自の体操を寝起きにやっているそうです。

「不良牧師」として知られ、有名アーティストやトップアスリート、各業界のリーダーたちがメンターとして慕《した》うアーサー・ホーランドさんは、毎朝5分間「神様とデートをする時間」と称して、聖書を数ページ味わいながら読むそうです。

自分の心が悦ぶ時間を持つ。
多くの成功者がそんな「悦る習慣」から1日をはじめています。

ジョギングや瞑想《めいそう》などもそうです。大切なことは、その習慣を実践するあなたが、ひとりでも悦れること。朝から〝自分をよろこばせる習慣〟を持てば、その日がご満悦な1日になります。自分自身が悦れることを探して、あなただけの快適な朝をはじめてみてください。

02

胸《きょう》式《しき》呼《こ》吸《きゅう》で、穏やかな気持ちを整える

多くの幸せな成功者がやっている朝の習慣に「瞑想」があります。

瞑想をする際には腹式呼吸《ふくしきこきゅう》をするといいと言われています。私も毎朝、瞑想中は腹式呼吸を意識し、「常にいい呼吸ができている」「バッチリだ」と思っていました。

ですが、かかりつけの治療家の先生から、思いがけないことを言われたのです。

「田中さんは肺が閉じているから、毎朝、肺にしっかりと息を取り込まれたほうがいいですよ」と。

「毎朝、瞑想をしながら腹式呼吸をしているのですが」と聞くと、「**腹式呼吸と言っても実際に空気が送られるのは肺ですから、先に〝胸式呼吸〟で肺を十分に広げてから腹式呼吸を意識するといいですよ**」とのこと。

ここで、先生から教えていただいた胸式呼吸のやり方をご紹介しましょう。

まず、ストローをくわえるように細く口をすぼめて、腹圧で息をすべて吐き切ります。

次に、鼻で思いっきり空気を肺に取り込みます。

風船をパンパンにするように、肺を縦にも横にも奥にもグーっと広げる。もうこれ以上吸えないぐらいに吸ったら、息を止めて酸素が全身に行き渡るのを感じましょう。

そして、またストローで息を吐くように「ふぅ〜！」と息を吐き切ります。

これを3回繰り返します。

そのあとで、瞑想をしながら腹式呼吸をすると、呼吸の深さに驚きますよ。


呼吸の深さは、メンタル面にも大きな影響を及ぼします。呼吸が浅いと不安になりやすく、呼吸が深いと精神的に落ち着きます。心を整えるためにも、悦るためにも、肺を広げる「胸式呼吸」を試してみてください。

03

朝日に起こされる

私は東京で賃貸マンションに住んでいます。2年ごとに引っ越すのも私の「悦」のひとつなのですが、その際、朝日が寝室に差し込む真東を向いている部屋を選びます。

寝るときにはカーテンは閉めず、朝日と共に目覚めます。もちろん天気が悪くて朝日が出ない日や、日の出よりも早く起きなければならない日もありますが、まぶしくて寝ていられないほどの朝日に起こされた日には、それだけでご機嫌な1日がはじまります。

現代人は、ビタミンDが不足しているそうです。

その理由は、日中のほとんどを室内で過ごしたり、外出の際も日焼け止めなどで極端に紫外線を避けてしまっていることが原因だそうです。

太陽光にあたることで皮膚でビタミンDがつくられます。つまり、太陽光を避けることは、ビタミンDが十分につくられず、逆に骨密度《こつみつど》の減少による姿勢の老化や顔のたるみ、基礎代謝、睡眠の質の低下、うつ状態の慢性化などの影響を及ぼしてしまうのです。

極端に太陽光を避けることは、若々しさを保つことにおいて逆効果といえます。

また、朝日を浴びることで「セロトニン」の分泌《ぶんぴつ》を促進します。セロトニンは精神を安定させる働きがあり、幸福感を高めてくれるホルモンです。

朝日は日中に比べ紫外線も弱めですから、まったく浴びないという極端な紫外線カットではなく、朝だけでも日光浴を許可してみてはいかがでしょうか。

とはいえ、東向きの寝室ではない家にお住まいの方も多いと思います。

朝起きたら外に出て、ほんの数分だけでも朝日を浴び、朝の新鮮な空気を身体に取り入れることを、習慣のひとつに加えてみましょう。

04

今日の終わり方をプロデュースする

夜、寝る前にも悦ることをおすすめします。私の寝る前の「悦」は、Amazon PrimeやNetflixでお気に入りの海外ドラマを観ることです。ハイボールをつくって、ゆったりした気分でリラックスしながら鑑賞します。

一般的には寝る前のブルーライトはダメだ、興奮する映画はダメだ、アルコールはダメだ、と言われます。しかし、私の場合は今のところ熟睡できています。

寝る前の「悦る習慣」を持つなら、あなたはどんなことをしますか？

ハーブ入りのお風呂に入ってリラックスするとか、橙色の明かりの下で読書をする優雅なひとときもいいですよね。

私のまわりには、寝る前の「悦」を楽しんでいる人が大勢います。

私のマーケティングの先生でもある横田伊佐男さんは、都内にご自宅を持っているにもかかわらず、山梨県の富士五湖のほとりにサッカーコート一面分の敷地を借りて、1年の半分をキャンプをしながら暮らしています。そこに企業の経営者や幹部を招いて研修やミーティングをおこなっているのです。

月明りや焚き火をバックに、寝る前にバーボンを飲みながら悦っている先生の写真がSNSに上がってくると、「よし！　仕事をがんばって、俺もまたあそこに悦りに行くぞ！」と、こちらの意欲も湧いてきます。

最高の「悦る環境」と「悦る空間」を自分自身でプロデュースして1日を終える。

素敵な人生だと思いませんか？

きっと心地よく眠りについて、素敵な夢を見て、眠りながらも悦れるはずです。

05

自宅をパワースポットにする

一生のうち半分以上の時間を過ごすことになるあなたの自宅は、心地よい空間になっているでしょうか？

「悦る習慣」とは、あなたの心がよろこぶ時間をプロデュースするということでもあります。朝起きてから出かけるまで、そして、帰ってきて玄関を開けてから寝るまでのあなたの行動パターンと動線をイメージしてみましょう。

まずは寝具。快適なものを使っていますか？　寝ている時間は人生の1／3を占めると言われています。そんな多くの時間をわずか1畳ほどのスペースで暮らすのですから、寝具には全力で投資してもバチは当たりません。自分に合った枕、肌心地がよく暖かい布団、テンションが上がるベッドなど、スペシャルな自分だけのパワースポットをつくりあげましょう。

朝起きたら開けるカーテン。テンションは上がりますか？

私の場合は、起きてすぐにトイレに行くことが多いのですが、便器が汚かったらせっかくの朝が台無しです。床に毛や埃《ほこり》が落ちていませんか？　また、歯ブラシはお気に入りのものですか？　毛先が乱れていたら替えどきです。さらに、洗面台は水垢で汚れていないか——など、自分の行動パターンに合わせて一つひとつをチェックしてみてください。

もっと快適にするにはどうしたらいいか？　そんなふうに、ご自宅のパワースポット化計画を、一度、じっくり考えてみてはいかがでしょうか。

06

家の中心に御《ご》神《しん》体《たい》を祀《まつ》ろう

自宅パワースポット化計画の完成形は、やはり御神体をお祀りすること。

神棚、仏壇、十字架など、拝む対象をご自宅の中心にある部屋に祀ると気が整います。

お正月やお祭りなどで神社に行かれる方も多いと思いますが、そこで買った「家内安全」や「商売繁盛」のお守りでも構いません。

神様はにぎやかなところが好きですから、リビングにミニチュアの祭壇をつくって、盛り塩とお水と生米をお供えし、1日のはじまりに、二礼二拍手一拝。「今日もこんなに素晴らしい1日になりました、感謝します」と、今日1日の成功を予祝《よしゅく》（あらかじめ祝うこと）してからスタートを切ると、自然と元気がみなぎってきます。

また、寝る前には、「こんなに素晴らしい出会いとご縁に感謝します」と感謝の心で今日1日を締めくくると、精神的に安堵し、穏やかに、深い眠りにつくことができます。

朝晩、神様に頭を下げて「おかげさま」と手を合わせ、我《が》を脇に置いて感謝する習慣は、あなたに謙虚さという美徳をもたらしてくれます。

それだけではなく、感謝する心が発する高い周波数が自宅の空間に広がることで、悪いものを寄せつけない結界にもなります。**あやしい話に思えるかもしれませんが、祈りの効果は、近年、量子力学や脳科学など、科学の分野でも証明されています。**

また、本書のテーマでもある「悦」という漢字の成り立ちは、神様に祈りを捧げる神主の姿に神気《しんき》が降り掛かっている様子を「兌」で表し、神様とつながり、邪気が払われスッキリした心のよろこびを「悦」という字で表現したという説があります。

毎日、感謝と祈りの習慣を持つことが、本当の意味での「悦る習慣」ということですね。

07

幸せのシャワーを浴びて、お裾《すそ》分《わ》けする

生命保険の営業員さんは、日本に約123万人もいるそうです。そのなかで2年連続ナンバー1になった保険営業員さんから聞いた「悦る習慣」です。

彼は毎日3人だけアポイントを入れるそうです。2人でもなく4人でもなく、3人。**その3人の想像をはるかに超えて喜ばせることができると、次の紹介の扉が開かれるそうです。**ですから彼は、その日に会う3人がどうなれば喜んでくれるかを、毎日毎日、真剣に考え続けるのです。

そして、その3人を喜ばせるために、彼が毎日欠かさずやっていることに**朝、幸せのシャワーを浴びる**という習慣があります。

まず朝、浴室に入り、シャワーの温度をちょっと熱めに設定して、首のつけ根にシャワーを浴びます。浴びながら、今日の1件目のアポから順番にシミュレーションをしていき

ます。感謝であふれた心で待ち合わせの場所に向かい、満面の笑みで、相手に最大の敬意を払った美しいお辞儀をして、名刺を差し出す。そんなふうに、**ありありと情景を思い浮かべて、お客様と別れるまでを具体的に思い描きます。**

そんなシミュレーションを3人分やっている間に額に汗がにじんでくるのですが、じつはこれ、浴びているのはただのお湯ではありません。

なんと、幸せのシャワーを浴びているのです。

3人分のシミュレーションをする間に、**「幸せのシャワー」を浴びていると〝イメージすること〟**で、足のつま先からたまってきた幸せが全身を満たし、いよいよ額や頭皮からあふれ出してくる。このあふれ出る汗、もとい「幸せ」を3人にお裾分けしてあげるイメージを毎日毎日欠かさずにやっていたら、お客様が喜んでくれて、たくさんご紹介をいただけるようになり、気がついたら、全国で1番になっていた――そんな話でした。

毎朝、冷たい水のシャワーを浴びる水行をやっている素晴らしい方もいますが、私は冷たいのは苦手です。ですから、この保険営業員さんの話を聞いた翌朝から、ちょっと熱めの幸せのシャワーのルーティンは今でも続けられています。

08

二兎《にと》追うことを躊躇《ちゅうちょ》しない

行きつけの美容室やサロンの接客が本当はしっくりきていないのに、新しいお店を探すのが面倒だったり、「いまさらお店を変えるのも悪いしな」という罪悪感やしがらみで、我慢しているということはないですか？

せっかく自分にプチ贅沢をしてあげる時間とお金の使い方ですから、毎回、そのお店に行くことを楽しみにできるような、お気に入りのお店を見つけましょう。

私が今お世話になっている美容師は友人ですが、高い技術がある上に、経営者仲間なので、髪を切りながら2～3時間ほどビジネス談義をする時間が楽しみです。

　彼は人間力も高く、勉強熱心で、私より事業規模も大きく展開している経営者なので、経営相談にも乗ってもらえますし、有益な情報も毎回たくさんシェアしてくれます。もちろん、美容師としての腕もピカイチなのは言うまでもありません。

　私に似合う髪型にしてくれるだけでなく、ビジネスの情報や経営の相談までできるなんて、都合がよすぎますよね。

「二兎追う者は一兎をも得ず」ということわざもありますが、「一石二鳥」ということわざもあります。遠慮せずに、どんどん二兎でも三兎でも追いかけましょう。

09

タンス貯金より、財布貯金をしよう

収入はまったく変わらないのに、なぜかお金が貯まるとっておきの方法があります。長者番付10年連続1位になった大商人、斎藤一人さんの本を読んで「なるほど」と思い、実践していることです。

その方法とは、給料の1割を「財布のなか」に貯金することです。

普通、財布には使うお金だけを入れますよね。そうすると、財布を開くたびにお金は減っていきますので、脳は「お金は減るもの」と思い込んで、実際にあなたのお金を減らすような選択をするそうです。

ですから、財布を開くたびに「お金は増えるもの」と脳をだまさないといけない。

そこで、**貯金はタンスや銀行にするのではなく、財布のなかにする。そうすると脳が「財布のお金は増えるもの」と勘違いして、実際にお金が増える選択をするようになる、**

ということでした。さすが大商人！

私もこの習慣をはじめてから、みるみるお金が増えていき、「脳ってすごい！　大商人すごい！」と感動しました。

この習慣にプラスして、お札に書かれているシリアルナンバーにも注目しています。末尾が「5X」のお札はお金のなかでもっとも位《くらい》が高いそうです。その次が「9X」。「5X」「9X」「5Y」「9Y」「5Z」「9Z」の順番で位が高いので、5と9のXYZに着目するといいのだそうです。

位が高いお札は「お金を呼び寄せる種銭」と言われているため、見つけたときにはテンションが上がります。

もちろん本当かどうかはわかりませんが、信じても何も損はしません。私も「楽しみがひとつ増えた」と思って実践した結果、収入はこの4年で10倍になりました。

楽しみながらお金が貯まる、財布貯金の「悦る習慣」。

あなたも、だまされたと思って試してみてはいかがでしょうか？

10

落ちている「幸運」を拾おう

道端に1万円札が落ちていたら、見て見ぬふりをしますか？　きっと拾いますよね。
では、道端にゴミが落ちていたらどうですか？　「拾う」と言う人は少ないでしょう。

私はマンションに住んでいるのですが、よく共用部にゴミが落ちているのを目にします。
商業ビルや電車のなかでもゴミが落ちている光景を見かけます。

そうしたゴミを見つけたとき、「幸運、見っけ！」と心のなかで叫んで拾うようにしています。そのゴミをしかるべき場所（ゴミ箱）まで運んであげると〝1運気〟獲得です。

運気をたくさんためると、素敵な人とのご縁という形で還元され、その価値は1万円をはるかにしのぎます。

私が尊敬する極真空手《きょくしんからて》の世界チャンピオンの塚本徳臣先生は、史上最年少の22歳で世界王者になりました。しかし、それからの15年間、優勝候補と言われながらも、二度目の世界王者になることができませんでした。

37歳になる翌年の世界大会で引退すると決めてからの1年間は、「道端に落ちているゴミはすべて、これまでの俺の素行《そこう》の悪さで捨ててきてしまった運だ」と思うようにしたそうです。

そして、自宅から空手道場までの道のりにある目についたゴミをすべて拾い集めながら通ったそうです。あまりにもゴミが多すぎて、15分の道のりが2時間もかかったのだとか。

そうして1年間〝運〟をたくさん拾い集めた結果、現役最後となる世界大会では、極真空手の歴史で伝説として語り継がれる、準決勝までオール一本勝ち。そして、今も破られることのない史上最年長、37歳での世界大会優勝を成しとげたのです。

ただのゴミ拾いだとめんどくさくて見て見ぬふりをしてしまいますが、幸運が落ちていると思うと、もう見逃すわけにはいきませんね。

第2章

自分を好きになるためのシンプルなコツ

11 「アファメーション」で自分自身に悦る

私はいつも、自分の頭のなかでこんなことを妄想しています。

「かっちゃん、いいヤツ！　かっちゃん、すげぇ！」

自分で自分に言っているというよりは、みんながそうウワサしていると勝手に思い込んで妄想しています。

意識してはじめたというよりは、幼稚園のころから、園庭を猛烈なスピードで走っている自分に対してクラス中のお友だちがそうウワサしていることを妄想しながら走っていました。もともと〝悦体質〟なのかもしれませんね。

あなたも、子どものころに少なからずそんな経験がありませんでしたか？

男の子ならあこがれのヒーローになりきって「俺カッコイイ」、女の子なら大好きなヒロインやアイドルになりきって「あたしカワイイ」と悦に入る。
これは〝アファメーション〟といって、「自分は言葉どおりの人間だ」と脳に思い込ませる効果抜群のテクニックです。

「俺、カッコイイなぁ。今日もイケてるわぁ」
「あたし、今日も超可愛いじゃん！　またモテモテね」

こんなふうに鏡に向かって自分を称賛してみてください。最初は少しバカらしく感じるかもしれませんが、慣れてくると「そんな自分もイケてる♪」と思えてきますよ。

12

ネガティブは、書き換える

「**人は自分が考えたとおりの人間になる**」とは、世界的な大ベストセラー『「原因」と「結果」の法則』（サンマーク出版）の著者ジェームズ・アレンの言葉です。まさに、先に紹介した「アファメーション」です。アファメーションには、自分の言葉の力で人生を豊かにさせる効果があります。

先日、カウンセラーをしている友人と食事をしていたときに、私のふとした発言から「田中くん、もしかして、100%の自分を出すと嫌われると思っていない？」と訊ねられました。

たしかに、自分を100%出し切ったら、また方々に迷惑をかけて嫌われてしまう、という思い込みがありました。

「他人の評価を気にせず、自分らしく悦ろう」とメッセージを発信している私自身が、1

00%の自分らしさを怖がっていたなんて、皮肉な話ですね。

また、別のセラピストに「田中さんは、どうして自分自身がビジネスセンスがないと思っているの?」と聞かれることもありました。実際、私にはビジネスセンスがないと思っていたのですが、これも思い込みによるものだと気づかされました。

しかし、気づくだけでは、思い込みはそう簡単には書き換わりません。

そこで、思い込みを書き換えるのに有効な手段が「アファメーション」なのです。

私は、スマホの待ち受け画面に表示できる付箋アプリを使って、次のように書いて、暇があれば目読し、1日1回は声に出して読むようにしています。

「私は誰からも好かれ愛されている。私はビジネスセンスの塊《かたまり》で、1/10以下の仕事量で、48歳にして純資産10億円という経済的成功もおさめ、世界中を旅しながら多くの人々の幸せに貢献し、心身共に豊かな人生を満喫している」

最初は読みながら「夢のような話で、人に見られると恥ずかしい」と感じていましたが、今では「3年後は、どうせこうなっている」と自然に思えるようになっています。

13
思い込みの力を利用する

思い込みの力を利用すると、常識では考えられないような「望んだ結果」をつくり出すことができます。

友人の経営者は、高校生のときに「私は一生お金には困らない」「私は一生お腹がポッコリしない」と決めたそうです。30年が経った今でも、一度もお金で困ったことはなく、不摂生をしてもお腹がポッコリしたことはないと言っていました。

別の友人の女性は、中学生のときに「ケーキを食べても太らない」と思い込み、それ以来、1日に3個ケーキを食べることを日課にしていますが、まったく太っていません。

さらに別の知人は、30代のときに白血病と診断され、余命宣告までされたそうですが、「私のがん細胞は悪さをしない」と思い込み、以降20年、薬も飲まず発症もしていない（数値はいまだに異常値を示す）というのです。

私も思い込みの力を利用して、自分の〝出会い運〟をプロデュースしてきました。私は「この人と会いたい」「一緒に仕事がしたい」と思う人がいると、「必ず会う」とだけ決めて、忘れるようにしています。そうすればお互いにとって必要としているタイミングで、最適な出会いが起こることを知っているからです。つまり、そう思い込んでいるのです。

この思い込みの力を使って『人は話し方が9割』（すばる舎）の永松茂久さんや、『やる気のスイッチ』（サンクチュアリ出版）の山﨑拓巳さん、『前祝いの法則』（フォレスト出版）の大嶋啓介さんなどベストセラー作家の皆さんともご縁をいただき、今でも親しくさせてもらっています。

自分の都合のいいように思い込むことで、人は誰でも思いどおりの自分をつくることができます。なぜなら、私たちの脳は、必要なものを自動的にサーチするようにできているからです。

一度だけ思い込んだら、もう忘れて大丈夫です。思い込むだけですから、負担もリスクもないのでおすすめの習慣です。

14

プチ旅行で人生の幅を広げる

月1回、日帰りや一泊二日でプチ旅行をする習慣を持つこともおすすめです。わざわざ遠出をしなくても、普段は行かない近所の観光名所やキャンプ場でも構いません。

幸せな成功者の多くは行動範囲が広く、選択肢に自由があります。一方で、なかなか自分の殻《から》を破れない人の多くは、行動範囲がいつも同じで生活に変化や刺激がありません。

以前「変わりたい」と私に相談に来られた方に、「行ってみたいところはありますか?」と聞くと、「京都に行ってみたい」とのことでした。

「いつ行きますか?」と聞くと、「職場と家庭の往復の日々で、主人の帰りも遅く、子育て中なので京都に行けるような時間はまったく取れない。だから行けるとしたら、子どもたちが独り立ちしてから云々《うんぬん》……」と、行けない理由を一生懸命並べていました。

私は、そうした理由をまったく聞いていなかったかのように、「直近の休日に、ご主人かご両親に頼み込んで時間をつくり、日帰りで京都に行ってきてください。いつ行けますか？」と再度伝えました。

彼女は困惑していましたが、最終的には私の提案を受け入れ、翌週にそれを実行しました。そのたった1回の成功体験で彼女の行動範囲と選択肢の幅は格段に広がり、その翌月には、以前から学びたかった講座を受講するため、毎月新幹線に乗って名古屋まで泊まりで通うことになりました。

人生を変えたいなら、内面を変えようとがんばるよりも、まずは行動を変えてしまったほうが圧倒的にスピーディです。

かくいう私も2020年から2022年の2年間は、コロナ禍で思うように動けませんでした。その間、人生のステージアップも会社の成長も停滞期だったように感じます。

ここからは行動を変えるときです。私の場合は、どんどん海外に出て、アフリカも「近所」と呼べるぐらいに人生の幅を広げていこうと思っています。

15
「紹介の紹介の紹介」で、価値観を広げる

私がコミュニティづくりをお手伝いさせてもらっている「のりぴ」という現在30代前半の女性がいます。

彼女は、25歳のときに**「出会った人からの紹介のみで、最終的に誰に会えるのか？」**という実験を試みました。

出会った人と仲よくなり、信頼関係を築き、その人からの紹介で出会う人とまた信頼関係を築き……。そんなふうにインターネットやSNSを使わず、「紹介の紹介の紹介」で人脈を築いていった結果、わずか2年のうちに、故・エリザベス女王のシークレットパーティに招待されたり、イギリスの高級車「ベントレー」の創業家の甥っ子とお茶飲み友だちになったり、ドバイの王族と交友関係を築くまでになりました。

　エリザベス女王までたどりつけた時点で、意欲がなくなりその実験は終了したそうですが、そのときに培った価値観で、今は不動産管理会社のほか、医療機器の貿易会社や各国での不動産投資、スタートアップ企業の顧問としても活躍しています。

彼女にとって「実験」という名の「悦る習慣」が、自分自身をとんでもないところまで運んでくれたわけです。

　彼女ほどでもないですが、私も「紹介の紹介の紹介」で築かれた人脈と価値観で、かなり多様性がある悦った人生を送っています。

　SNSでバズることも大事かもしれませんが、個人的には**SNSをバズらせるより、自分自身を悦らせたほうが何十倍もおもしろい人生が待っている**と思います。

16 あこがれの存在をモノマネする

あこがれの存在だった仮面ライダーやジャッキー・チェンをマネして悦りまくっていた少年時代。年齢はもちろん、背格好も見た目も違う（仮面ライダーとは大幅に違う）にもかかわらず、私はすっかり、そうしたヒーローになりきって遊んでいました。

今でも、映画を観たあとはしばらく、自分が主人公かのような感覚ですっかり悦っています。

じつは、私が人生を切り拓けたのは、この〝あこがれの存在になりきるマネっこスキル〟の影響が大きいと思っています。

たくさんのあこがれの存在の近くに行き、表情や、しゃべり方や、雰囲気を観察しては、風呂場で鏡に向かって、その日聞いたセリフを本人になりきって声に出してみるのです。

「あ、今の感じ似てるな」「ちょっと違うなぁ」など、今でもいつもあこがれの存在を研究しています（たまに本人の前でオーバーにモノマネしすぎて怒られます）。

そうすることで、人生の岐路やビジネスチャンスで、すぐにそのメンターたちを頭のなかに召喚して、彼らならどう考えるか？　というシミュレーションをするだけで答えを導き出すことができます。

できれば服装やライフスタイルまでマネしたいところですが、そこは身の丈に合わせておきましょう。今日からタダでできる「表情」や「しゃべり方」や「雰囲気」を観察して、ちょっとオーバーにモノマネする。楽しみながらなりきってみてくださいね。

17

明るいところに、人も幸運も集まってくる

どの習慣を取り入れようか迷ったら、とりあえず「笑顔」でいることをおすすめします。


笑顔でいることは、自ら輝きを放つ恒星《こうせい》のような存在になるイメージです。

恒星はまわりの惑星や星々を照らし、私たち生物に温かさを与えてくれます。

それと同じように、笑顔は多くの人を和ませ、気持ちを明るくしてくれます。

笑顔でまわりを明るくしてくれる人はみんなに好かれますし、笑顔で温かく寄り添ってくれる人は多くの人に慕《した》われます。


「笑う門には福来たる」ということわざがあります。

お祭りのにぎやかさが多くの人を惹きつけ呼び集めるように、笑顔や笑い声が飛び交う場所には、人がたくさん集まってきます。

人がたくさん集まっているところを「人気（ひとけ）がある」と言います。人が多く集まっている人のことを「人気（にんき）がある」と言います。

人気があるところで、経済は活性化します。経済が活性化すると、さらに人を呼び寄せ、情報もたくさん集まってきます。いい情報が集まると、その場所で人生がよくなる人たちが増えます。その人たちは口々に「あそこに行くと運がよくなるよ」とウワサします。

人も、お金も、情報も、運までも、すべては明るいところに集まってくるのです。

笑顔は、あなた自身をパワースポット化してくれます。いつも笑顔でいることは、幸せな人生をつくるうえで欠かせない「悦る習慣」なのです。

18

自分に自信が持てる〝素敵な勘違い〟

あなたは、自分の顔が好きですか？

そう聞かれたら、よほど自分の顔に自信がある人以外は「そんなに好きではない」と答えるかもしれません。

もしもあなたが自分の顔に自信がなかったとしても、好きだと思えなくても、自分の顔を好きになれる方法があります。

それは、自分の好きな有名人や芸能人の顔のパーツをマネる練習をすることです。

私は中学生のときに、俳優の保阪尚希さんの、キリッとしつつ少し下がった目尻にあこがれていました。保阪さんが笑ったときの目もとのしわがとてもカッコよく感じていたのです。そこで保阪さんのようなしわが出る笑顔ができるよう、洗面所の鏡の前で、朝晩、笑顔の練習をしていた時期がありました。目もとのしわをうまくつくる練習です。風呂上がりに素っ裸で鏡を見ながら「あ、今の笑顔は保阪尚希っぽかった！」と自画自賛して悦っていました。

今のところ「保阪尚希に目もとが似てるね」と言われたことは一度もありませんが、**他者評価ではなく、自己評価で保阪尚希さんにそっくりだと思い込み、そうなれるように取り組んでいる私は、かなり幸せな中学生だったと思います。**

あなたが好きな有名人や芸能人は誰ですか？
その人の外見の、どこが素敵だと思いますか？
さあ、鏡の前でマネしてみましょう！

「私（僕）って、〇〇にソックリで素敵！」

19

自分の顔のパーツの一箇所を溺《でき》愛《あい》する

自分の顔のなかでお気に入りの「溺愛パーツ」を見つけてください、と話すと「そんなところないですよ！」と返ってきます。

だからこそ、どこか一部でいいので溺愛してほしいのです。

顔の一部、パーツだけというのが肝《きも》です。

すべすべのお肌、きれいに並んだ歯並び、笑うと見えるエクボ、石原さとみさんのような厚めの唇や、縁起がよさそうなホクロ、顔の真ん中にちょんと乗った小さな鼻、パクッとかじりつきたい丸っとしたほっぺ……など、どんな小さなところでもＯＫです。

いわゆる、チャームポイントです。

あなたにも、自分ではそんなに意識していなかったけれど、まわりの人から褒められるパーツがないでしょうか？

私の場合は、よく笑顔を褒めてもらえます。「その笑顔、ずるいよね」と言われることが多いのですが、それはたぶん中学生のときに保阪尚希さんの顔になりたくて努力したことが大きいのかもしれません。

人によって、チャームポイントはさまざまです。チャームポイントは人と比べるものではなく、あなたをオンリーワンで印象づける強みです。**あなた自身が気に入っていたり、あなたのまわりのわずかな人が褒めてくれる程度で大丈夫です。その部分を、とことん自画自賛して愛していく。**この「溺愛する」ということを、今日からトライしてみましょう。

これを習慣にするとおもしろいことが起こります。最初は単に自分が溺愛していただけのパーツが、周囲も認識する本当のチャームポイントになってしまうのです。

溺愛すればするほど本当の自信がついてきます。

最初は誰にも言わずにこっそりやることですから、思いっきり素敵な勘違いをしちゃいましょうね。

第3章

幸せの探究者であれ

20

目標はコロコロ変えていい

「今日は本を1冊読むぞ」「1時間でブログを書くぞ」など、なりたい自分になるための毎日の目標を決めて取り組むと、24時間は想像以上に充実します。

……という話をすると「そうなんですね！」と顔を明るくする人はほとんどいません。

誰にとっても、目標はストレスがかかる、嫌なものだからです。

私も同じく「目標は、有効だけど疲れる」と思っていたひとりですが、そんな印象を一変させてくれた考え方に出会いました。

以前、ジャパネットタカタの高田会長の講演会で、ゴルフのたとえ話を聞きました。

「今日は100打で回ろうと思ったら〝前半50、後半50〟という目標を立てる。ところが前半を終わって55打。あきらめますか？　まだまだ。後半を45打で回ればいい。目標を立て直す。15番ホールを終えて残り3ホール。だけど、もう100打叩いている。あきらめるか？　まだあきらめない。127打の自己記録を更新するぞ、と目標を立て直す」

こんなふうに、**目標はそのときの状況に合わせて変えていい**というお話でした。

結局、このあと127打の自己記録タイのパットを沈めて全力のガッツポーズを決めたら、18番の最終ホールがまだ残っていた、というオチがあって会場は大爆笑でしたが、最後はこうまとめられました。

「何のために目標を立てるのか。それは、今この瞬間、目の前に置かれた状況で、目の前のやるべきことに集中して、一生懸命に生きるため。目標は変えていい。今を一生懸命に生きていれば、人生も会社もなりたい姿に必ずなれる」

「目標が達成できなかったらどうしよう」とか、目標を大きくしすぎて「自分はやっぱりダメなんだ」と自己否定するのではなく、今この一瞬を最高に悦って過ごすこと。なりたい自分になるための目標を決めて、トライしてみましょう。

21

天才性が開花する方法

「1万時間の法則」をご存じでしょうか。アメリカの人気コラムニスト、マルコム・グラッドウェル氏が『天才! 成功する人々の法則』(講談社)で提唱した概念です。

どんなスキルも1万時間練習をすると〝本物〟になるというもの。

「そうか! 今はヘタでも、1万時間やればいいんだ!」と、1万時間がどれくらいなのか計算してみると、お正月もお盆休みもなく1日10時間没頭してがんばったとして1000日。約3年間かかります。6時間寝て、8時間働いたら、残り10時間は全部練習。それは無理なので現実的に考えて練習時間を半分にしたら、1万時間にかかる期間は2倍の6年……。なかなか高すぎるハードルですよね。

でも、成功者たちがそれくらいの時間を注ぎ込んできたのは事実。**なぜ彼らにはできたのか? そう。それが彼らの「悦」だったからです。**彼らには努力をしたという感覚はほとんどないでしょうし、たしかに普通の努力では続けられない練習量と期間です。

ある講演で有名経営者の方が「寝ても覚めてもそのことばかり考えていることに出会ったら、ようやく成功のスタートラインに立ったということです」と仰っていました。それほど没入できることに出会えたときに、1万時間の法則がスタートするわけです。

あなたにも、なんとなく興味や関心が湧くことがあると思います。

たとえば「もっとオシャレをしたい」「ゴルフでもはじめてみようかな」など。それを、まずはやってみること。才能やスキルはもちろん、年齢も経験も関係ありません。

結果ではなく「楽しい」「興味がある」と思えることをやってみる。すると、たまたま何年も何十年も続く場合があり、あとになって数えてみたら、ゆうに1万時間を超え、天才性が開花していたということがあります。

さらにいうと天才になる必要もなく、1万時間も悦っていられる何かに出会えたとしたら、人生はそれだけでかなり楽しめるはずです。

興味が湧いたら、あれこれ考える前にまずは気軽にやってみましょう。続けるか、続けないかはそのあと。続いたか、続かなかったかは、もっともっとあとの話です。

22

サウナで〝ととのいタイム〟に瞑想する

「ととのった」というフレーズで人気が再燃したサウナ。サウナ→水風呂→外気浴《がいきよく》で、至福のエクスタシーを感じられると、若い世代に一気に広がりました。

医学的にもメリットは数知れず、脳卒中やうつ病などを未病のうちに防ぐことができ、美肌効果やむくみにも効果的と一石何鳥も得られるそうです。

『医者が教えるサウナの教科書』（ダイヤモンド社）の筆者で、現役ドクターの加藤容崇先生が紹介している、サウナで得られる8つの効果を簡単に紹介します。

①脳疲労が取れてスッキリする。②α波が正常化しリラックスできる。③β波が増加しアイデアやひらめきが舞い降りる。④感情をコントロールできるようになる。⑤夜、ぐっすり眠れるようになる。⑥五感が研ぎ澄まされる。⑦肩コリ、腰痛、眼精疲労が和らぐ。⑧肌がキレイになり痩せ体質になる。

サウナ、すごいですよね。では初心者のための〝ととのえ方〟をご紹介します。

サウナ室に入る前に全身の水気を簡単に拭き取ります。腰に（女性は胸に）タオルを巻いて、90〜100℃のドライサウナ室の入口近くの下の段（一番暑くないところ）に腰掛け、まずは6分間（慣れたら12分間）耐えます。身体が芯から温まったら水風呂に直行し、桶で水をすくい、汗をかいた胸や肩にかけ流しながら心臓を慣らします。心のなかで「エイ！」と気合を入れて、水風呂に肩までドボンと飛び込みます。精神を集中して40〜60秒冷たさに耐え抜きます。水風呂から出て全身の水気を軽く拭き取ったら、施設に用意された椅子やベンチで「ふぅ〜」と脱力。これを3〜4セット繰り返すと、全身の毛細血管に血液が行きわたる心地よいビリビリという刺激で〝ととのった〟状態に入ります。

私の場合、この〝ととのいタイム〟にやる瞑想で、サウナにどっぷりハマりました。ふだんの瞑想は雑念だらけになるのに対して〝ととのいタイム〟の瞑想は、全身の感覚だけに集中できて10〜20分があっという間に過ぎます。ぜひ試してみてください。

23

「ゆるテンフリー」生活を試してみる

私は気性が激しく、気分の浮き沈みが多い人間でした。日常生活にも支障が出るほどだったので、カウンセリングに通ったり、関連書籍を読みあさったりと、ありとあらゆることを試したのですが、まったく効果はありませんでした。

この性格は一生直らないのだろうな、と半ばあきらめていたのですが、ひょんなことから友人と〝**小麦抜きダイエット**〟をやってみようということになりました。

「2か月だけ」と決めて、小麦製品、パンや麺類を抜いた生活をスタートしました。

1か月ほど経ったころ、「この1か月間、まったくイライラしなかった」ということに気がつきました。そこで調べてみると、どうやら**小麦に含まれる「グルテン」という成分が、腸に悪さをするのだそうです。**その結果、幸せホルモンの代表格でもあるセロトニンの生成が不足し、逆にノルアドレナリンというストレスホルモンが暴走し、ちょっとしたことで感情が爆発する、というようなことが記事に書かれていました。

とはいえ完全にグルテンを遮断するのは逆にストレスがかかるので、「ゆるテンフリー」と称して、少量であればOKというルールで、グルテンの摂取量をコントロールしました。

すると「世界はこんなに平和だったのか！」と感動すら覚えるほど、フラットな気分で日常生活を送れたのです。

息子は高校2年生の夏に潰瘍性大腸炎《かいようせいだいちょうえん》という難病を発症し、その学年のほとんどを病院のベッドの上で過ごすことになったのですが、3度目の退院のあと、グルテンを断ってからは、今までの症状が嘘だったかのように元気に暮らしています。

もちろん、グルテンが全員に悪影響を及ぼすのかは定かではありません。

日本人はグルテンを分解する酵素を持っていないと言われていますが、私も20代までは問題なく過ごせていました。グルテンに限らず、自分の隠れアレルギーを検査することは、一度やっておくといいかもしれませんね。

もし怒りっぽいとか、鬱々《うつうつ》とするとか、花粉症がひどいなど、思い当たる節がある方は、2か月間だけと決めて「ゆるテンフリー」生活をお試しあれ。

24 ファスティングで、幸せ体質をつくる

腸は第二の脳と言いますが、専門家の間では「腸の一部が脳」ということはもはや定説のようです。「腹が立つ」「腹を決める」「腹の虫のいどころが悪い」など、日本には感情を「腹」を使って表現する言葉が数多くあります。実際、感情や性格を支配する脳神経伝達物質（ドーパミン、ノルアドレナリン、セロトニンなど）の約70％は腸でつくられ、なかでも**幸せホルモンと呼ばれるセロトニンの90％が腸でつくられている**そうです。ちなみに、セロトニンは、脳内にはたったの2％しかないのだとか。

こう聞くと、**幸せかどうかは脳ではなく、腸が決めるといっても過言ではない**でしょう。また、腸の健康状態が感情を左右しているということなので、感情の連続体である性格は、ほとんど腸次第ということになります。

そこで、近年再注目されているのがファスティングです。

要するに「断食」なのですが、質のいい酵素ドリンクを用いることで、ミネラルや糖質を補充しながら、空腹感や身体の負担も抑えることができます。

ファスティングは腸内環境を整えるだけに限らず、内臓や血中にたまった老廃物や毒素を排出するデトックス効果や、免疫力の向上、美肌にも効果てき面です。

断食期間は16時間、3日、6日、さらに猛者にもなると、1か月や2か月もの長期間断食をおこなう人たちもいます。

私の場合はそこまで本気で取り組みたいわけではなく、悦っていられる幸せ体質を維持するためだけなので、週に一度の16時間断食（朝食抜き）と、3か月に一度の3日間断食を組み合わせて、脳と身体が悦れるパフォーマンス維持につとめています。

なお、初めてファスティングをおこなう場合には、専門家の指導を受けながら、安全かつ効果的に取り組むように注意してください。

25

運動して、運を動かす

成功者の多くが運動を日常に取り入れています。朝のジョギングやウォーキング、ゴルフ、テニス、ヨガ、筋トレ、トライアスロン、格闘技など。ここでも**大事なのは、それをやっているときの自分が「イケてる」「ステキ」と悦って継続できることです。**実際、それらをやっている人たちをよく観察してみてください。ほら、ご満悦です。悦れるからこそ続けられるのです。あなたが悦れる運動に出会うまで、いろいろと試してみてください。

私は飽きっぽい性格なので、さまざまな運動をそのときの気分やタイミングに合わせてやっています。筋トレ、キックボクシング、水泳、ジョギング、散歩、バスケット、ウェイクサーフィン（夏期限定）、ゴルフ（素振り専門）など。

ひとつの運動にハマるもよし、私のように複数の運動を気分に合わせてやるもよし。いずれにせよ大事なのは身体を動かすことですから、義務にならず、悦れることを悦れるときだけやりましょう。

私の友人が、SNSによく「運動は、運を動かす」というメッセージをアップします。まさに、運動は運を動かします。

私の39歳の後半は、人生で二度目の暗黒期でした。その1年前に初めての出版も果たし、人生の絶頂を迎えてからの急転直下。「あきらめなければ人生は必ず好転する」というメッセージの本を書いていながら、さすがにもう這い上がることはできないかもしれない……本気でそう思っていました。

話の詳細は「おわりに」で後述しますが、そのタイミングでキックボクシング（K-1）との出会いがあり、私は格闘技のおもしろさに夢中になりました。真剣に練習に取り組んでいる間は、嫌なことを忘れていられました。次第に「楽しい」と思える時間と、「今日も充実の1日だった」と思える日々が増えていきました。

3か月が経つころ、私はそれまで以上の勢いを取り戻せていたのです。まさに、運動することで私の不運は取り祓われ、好運のスパイラルに導かれたような感覚でした。

運が悪いときには、運動をする時間も心の余裕もないように感じます。しかし、そんなときこそ運動をする時間を設けましょう。それが心の余裕をつくることにもなります。

26

〝誰かのために〟本を読んで行動する

告白します。私は出版の仕事に10年以上携わり、40冊以上の本をプロデュースし、小さいながらも出版社も経営しているのですが、本を読むことが大の苦手です。

本を買うのは大好きで、「今度こそ読める！」と毎回確信して購入するのですが、これまで何千冊とも何万冊ともしれない本を読まずに積読して、大金を無駄にしてきました。そうやって埃を被った本たちを見るたびに胸が痛みます。

ところが、こんな私でも、仕事になると簡単に読めてしまいます。**それはプロ根性や責任感がそうさせるのではありません。単純に、本を読む「目的」が明確だからです。**

編集者や出版プロデューサーが原稿をチェックするときは、「読者にとってわかりづらい表現はないか？」「情報は正しいか？」「誤字脱字がないか？」というように、明確な目的を持って読んでいます。一方で、自分のためにおこなう読書は、「なんとなくおもしろそう」「何か役に立ちそう」と、目的が曖昧なまま購入していませんか？

何か調べたいことがあったとき、インターネットでキーワードを入力して検索したことがあると思います。思ったとおりの検索結果が出てこない場合は、検索ワードを工夫しながら、より具体的な問いを立てて絞り込んでいきます。そうやって検索して見つけたページにある文章は、なんの抵抗もなくスラスラ読むことができているはずです。これと同じ感覚で、本も読むといいのです。

もうひとつおすすめなのは、「誰かのために本を読む」ことです。**あなたの大切な人が、どんな課題を抱えているのか？　どうなりたいと思っているのか？　その解決法が書いてありそうな本を1冊選んで必要な情報を拾い集めていきます。そうすると、あっという間に1冊を読み終えるでしょう。**そして、せっかく解決策を見出したのですから、その人に伝えてあげましょう。きっと喜んでくれますよ。

この読み方は、私の師匠が考案し、私が理事長を任せられ普及している「わらしべ商人の読書術」という〝10分間の読まない読書法〟の一部です。体験会もやっていますので、ぜひ試してみてくださいね。

27

探求者より、探究者であろう

あなたが幸せな人生を送りたいのなら、新しいことや、新たな自分探しをするのではなく、「すでに好きなこと」「すでに好きな自分」を発見して、それを深掘りしましょう。

「探求者」より、「探究者」であろうとする感覚が大切になります。

「探求者」はやみくもに探し求めている人で、「探究者」は何かを究《きわ》めようとしている人です。前者は結果的に何も見つからなかったということも多いですが、何かを究めようとしている後者は毎日が発見の連続で、それこそが〝ド悦〟の領域です。

私にとってみれば、ビジネスの役に立つセミナーよりも、誰かが純粋な興味で探究したマニアックな話のほうが大好物です。あまりにもおもしろすぎて、聞いているとあっという間に時間が過ぎていきます。

人が「悦」を語るときには、言葉では説明できない不思議な引力が働きます。

少年のような興味を、どこまでも探究する。

自分が悦り続けられる何かを深掘りしていくと、よりおもしろい毎日が訪れ、結果として、より多くの幸せが、あなたのもとに集まってくるのです。

28
好きなことを究めて、超一流になる

「一流」の目指し方はあっても、「超一流」の目指し方を教えられる人はいないかもしれません。**超一流とは、技術や能力が一流であると同時に、その結果や作品が唯一無二である人のこと**と私は定義しています。ピカソやスティーブ・ジョブズ、イチロー選手や、草間彌生《やよい》さん、70歳を過ぎてなおロックンロールし続ける矢沢永吉さん、誰が見ても超一流で、唯一無二です。

世界で活躍する書道家の武田双雲さんも、そんな超一流の人です。教科書のように基本に忠実な文字も極めながら、書道を技から芸に昇華させた第一人者といっても過言ではないでしょう。

そんな武田双雲さんは、いつも楽しそうにしています。世界が認める書道家であり、書道教室を経営し、作家でもあり、講演家、タレントという5つの顔を持っています。にもかかわらず、先日、私の音声メディアにゲストとして来ていただいた際には、それらの仕事の話を1秒もせず、冒頭から30分間は、ずっと大好きな「宇宙人」の話を楽しそうにされていました。

彼は子どものころから〝宇宙人が存在するのか、しないのか〟にロマンを馳せていました。その探究が楽しすぎて、大人になった今では数十名の有識者で宇宙チームを結成し、宇宙人の有無について定期的に話し合っているのだとか。結論として、さまざまな分野の超一流の研究者たちの最先端の研究結果から「宇宙人はいる」と考えているそうです。

いつもは200名ぐらいが同時視聴している番組なのですが、双雲さんが語る宇宙論があまりにもおもしろすぎて、いつもの倍を超える470人が双雲さんの話に耳を傾けていました。まさに超一流がなせる引力の法則です。

あなたには、無条件にワクワクすることがありますか？　もしあるなら、大人だからとか、生産性がないからとか、時間がないからと理由をつけてフタをしてしまうのではなく、自分が悦れるものを、とことん究めてみるといいですよ。

29

「努力」は「好き」を超えられない

以前、元・大リーガーのイチロー選手のメンタルトレーナーだった方と、お仕事をご一緒することがありました。その方がイチロー選手に放ったという、私がド肝を抜かされた言葉があります。それは、

「努力を捨てろ」

え？　と思いますよね。私も同じことを思って聞き返しました。

すると、このように教えてくれました。

人がもっとも成長するときは、努力している自覚がなく、「もっと上手になりたい」「苦手を攻略するには？」と**〝夢中〟になっているときだ、**と言うのです。

「もっと努力しなければ」という状態から脱却し、野球少年のころのように「純粋に野球が好きで、楽しくて、もっとうまくなりたい」という原点に戻ってほしい、このことをイチロー選手に伝えたかったのだそうです。

〝夢中〟に勝る質の高いトレーニングはないと、彼は言います。

小学生は、授業が終わるとグラウンドに出て全力疾走し、また授業に戻って、休み時間になると何度でも全力疾走して夢中で遊ぶことを繰り返します。

もし、先生にやらされていたとしたらすぐにバテてしまうのに、彼らは自ら楽しんでやっているので、まったく疲れません。

小学生のように「楽しくてたまらないから夢中で走り続ける」という状態をいかにしてつくるか。それこそが、超一流になる方法なのです。

好きなことを見つけたら、遠慮も努力も要りません。ひたすら、そのことを夢中で楽しんでください。

30

夢より夢中になれる「今」を持とう

夢を持て、夢を持てと言われて、「夢がないこと」が悩みになっている方も少なくありません。前述したように、夢を持つことより夢中になれることのほうが断然大事ですから、人に語る夢なんて、あってもなくてもどっちだって構いません。

むしろ、**人に語れる夢を探していることで、今、夢中になれることを見落としてしまっているかもしれません。**

以前、息子の保育園の卒園式で、園児たちが将来の夢を発表しました。

「大きくなったら、プロ野球選手になりたい！」

「大きくなったら、看護師さんになりたい！」

そう元気に答える園児たち。そして、息子の番。どんな夢があるんだろう？　と思って期待していたら、「大きくなったらドッヂボール大会に出たいです！」と叫びました。

あとで息子に「お友だちみたいに、やりたい仕事はないの？」と聞くと、「いいでしょ、ドッヂボールがしたいんだから」と息子は即答。

私はハッとしました。息子は今ドッヂボールに夢中だから、大きくなってもドッヂボールがしたいのです。きっとプロドッヂボーラーという職業があれば、彼はそう叫んだでしょうが、それがないからといって世の中の都合に合わせてやりたいことを変えたりしない。

「大きくなっても、ドッヂボールがしたい！　大きくなっても、ドッヂボール大会に出たい！」って夢、最高じゃん！


大人になるにつれて、職業とか、肩書とか、年齢とか、学歴とか、性別とか、信仰とか、枠に当てはめないと、自分のことも、相手のことも、子どものことさえも理解できなくなり、結果として人生からおもしろみが消えていきます。

10年後こうなりたい、と人に語れる夢ばかりではなく、「今」夢中になれるものに、もっと目を向けてみてもいいのではないでしょうか。

31

「いつか、いつか」は、いつか必ずやってくる

「いつか、いつか、と言っている人間は、いつまで経ってもやらない」という格言を一度は耳にしたことがあると思います。**断言します。あの格言は大嘘です。**

500人以上の成功者の半生を1年ずつこまかくインタビューしましたが、どんなに偉い経営者も「いつかいつか」と言っている時期が必ずありました。

人が行動を起こせるようになるには、4つのステップがあります。

❶最初のステップは「不言不実行」です。「言いもしないし、やりもしない」。こんな時期も誰にでもあるものです。だって怖いじゃないですか。言ってしまったら絶対にやらなければいけない気がして。

❷次のステップは「有言不実行」です。「夢や目標を語るけれど、行動はできない」とい

う時期。この時期が長く続くと、周囲から「口だけ」とか「行動しろ」なんてひどい言葉を浴びせられるようになります。でも、ここで「口だけ」をやめてはいけません。有言不実行を意地と気合いと根性で続けていくと、いつまでも行動できない自分自身に嫌気がさして、勇気を振り絞り行動を起こせます。

❸次はいよいよ「有言実行」のステップです。夢や目標を語り、行動も起こす。すると、夢や目標が現実になっていきます。行動を起こすことに抵抗が薄れていきます。

❹そして、当たり前に行動を起こせるようになると、口にするよりも早く行動している「不言実行」の人になります。

今すぐに実行できなくても構いません。まずは口だけでいいので、自分が行動を起こせるその日まで、「いつかいつか」と、夢や目標を言い続けてください。

断言します！

いつかいつかは、いつか必ずやってきますから！

32 宣言してみる

いつかやりたいと思うことがあれば、それを宣言することからはじめましょう。
旅行がしたいなら、どこに行きたいかを周囲に話したり、手帳にメモをしたり、ひとりで口に出したり。目に見える場所に書いておくことで、旅行に行きたい気持ちと理想のイメージが固まってくるはずです。

もし、いつまでも実行できない自分が嫌になってきたら前項で紹介した手順どおりです。フラストレーションをためまくりましょう。そのフラストレーションがたまりにたまって閾値《いきち》に達すると、「開き直り」という人類最強モードのスイッチが入り、当たって砕けろの精神で、実際に旅に出るための具体的な行動を起こせます。

私が尊敬してやまない、不良牧師として知られるアーサー・ホーランドさんは、重さ40

kgの十字架を肩に担いで、日本、アメリカ、南米、韓国、台湾など、世界中を歩いてメッセージを発信しています。

70歳を超えて人生の集大成として計画中なのが、キリスト教が日本に伝わってきた道のりを辿り、イスラエルのエルサレムから日本までを2年間かけて歩くというものです。

じつは、この計画は数年前から言われています。

先日、アーサーさんにこの計画を実行する時期を聞いたところ、

「俺はそういうのは決めないんだよ。俺のなかのモチベーションと周囲の環境が整ったとき、『よし、何月に実行しよう』って、心が教えてくれるから」

と教えてくれました。

あなたも宣言しましょう。そして宣言し続けましょう。いつかいつかは、それをおこなうにふさわしいときが満ちたら、必ずやって来ます。

33

やってみたいことや好きなことを、友人に話そう

私は、ある経営者に書いてもらった1冊の本を世に出すために、自ら出版社を創業しました。そして、本屋に足を運ばない若者たちへその本を届けるために、47都道府県を3年かけて徒歩で売り歩く行商をしていました。**本を常時３００冊は積み、野宿のためのテントや着替えを乗せたリヤカーの重量は、ゆうに１００kg超え。そのリヤカーを引いて、毎日40～50kmの道のりを歩く。私の人生のなかでも上位を争うハードでドラマチックな3年間でした。最終的に1万３４４７冊を路上で販売し、１８０名以上の自殺願望を持つ方々からお礼のメッセージをいただくことができました。**

そんなリヤカー行商の旅の途中、あるひとりの青年との出会いがありました。

彼は暴走族で、深夜に集団暴走をしている途中に、幟《のぼり》を立ててリヤカーを引いている私のことを見つけ、集団から外れひとりだけ戻ってきたのです。

2人で縁石に座って、彼が買ってきてくれた缶コーヒーを飲みながら、30分ほど話し込みました。彼には世界を旅したいという夢がありました。でも親にも迷惑をかけてきて、お金もないし、ガキでもないのに夢なんか語ったら仲間にも恥ずかしい、と言うのです。

「どの国に行ってみたい？」と訊ねると、「やっぱりアメリカは行ってみたい」と言いました。私は彼に「俺、アメリカ行ったことあるよ」と、初めてアメリカでひとりバスに乗ったときの感動を伝えました。彼は目をキラキラさせながら私の話を聞いてくれました。

私が「絶対にアメリカに行ける必殺技を教えようか？」と話すと、聞きたいと言うので彼に伝授しました。

「仲間に『アメリカに行きたい』と言うこと。最初は仲のいいひとりからはじめて、慣れてきたらいろいろな人に『アメリカに行きたい』と話す。話しまくっているうちに具体的に動ける自分になってるから。俺のこの旅だってそう。言っているうちに引くに引けなくなって、今こうして君と出会って話してる。人に話しまくるだけだよ。簡単だろ？」

そう伝えると、彼は「ヤべェ！　行ける気がする！」と叫んで、バイクの爆音とともに夜の闇に消えていきました。**あなたにも、行きたい場所、やりたいことがあると思います。まずは、親しい友人に話すことからはじめてみましょう。**

第4章

「悦」は、いい言葉に宿る

34

「プラスの言葉」で理想のオーラをつくる

私たちには〝オーラ〟というものがあります。芸能人や歌手に強いオーラがあるのは、あなたもなんとなくわかると思います。あのオーラの正体ですが、毛穴から蒸気として出ている「汗」のことではないかと私は思っています。

大ベストセラーとなった『水は答えを知っている』（サンマーク出版）の著者、江本勝氏は、著書のなかで**水を入れたコップに向かって「ありがとう」と声をかけた場合と、「ばか」と声をかけた場合とでは、顕微鏡で見た水の結晶の形が大きく変わっていた**という事実を発見しました。

実験では「ありがとう」と声をかけると雪の結晶のようなきれいな形になり、「ばか」だと結晶が崩れた形になっています。ほかにもプラスの言葉をかけるときれいな結晶になり、マイナスの言葉をかけると結晶はぐちゃぐちゃに崩れています。

私たちの身体は、体重の60〜70％が水分でできています。それだけの割合を水が占めているわけですから、キラキラのきれいな結晶の自分と、ぐちゃぐちゃの汚い結晶の自分とでは、どちらがいいか答えは決まっていますよね。

モデルのようなきれいな顔立ちをした方でも、会った瞬間になんとなく気が悪いと感じたことはありませんか？　また、決して容姿端麗《ようしたんれい》とは言えない方でも、会った瞬間に「あ、なんか気がいい」と思ったことはないでしょうか？

それはつまり、その人の気（＝オーラ）を、私たちは見ているのです。

その気はどこから出ているのかと言えば、私たちの身体のなかの水分が、発汗によって蒸気として出ているというのも、たしかに一理あると思いませんか？

あなたが出している気は、キラキラの結晶ですか？　ぐちゃぐちゃの結晶ですか？

それは、ふだん使っている言葉で決まるのかもしれませんよ。

35

参加するコミュニティを変えてみる

「類は友を呼ぶ」ということわざや、「気が合う、気が合わない」という言葉があります。プラスの言葉が飛び交うコミュニティと、マイナスの言葉が飛び交うコミュニティでは、どちらが幸せでしょうか？　どちらのコミュニティが夢を叶えやすく、周囲からの応援が期待できるでしょうか？

人は、どんな言葉を使うかによって、身体をつくる細胞が整ったり、乱れたりすることが実証されています。

言葉によってつくられた自分の細胞。それと同じ波長の仲間とは気が合い、そんな仲間たちでつくられたコミュニティに自然と所属することになります。

ふだんから誰かを批判したり、ダメ出しすることがクセになっていると、人の欠点ばかりが目に入ってしまいます。その状態でプラスの言葉が飛び交うコミュニティに入っても、自分にはその人たちの欠点しか見えてきません。

気をつけてください。人の批判やダメ出しで感じる「悦」は〝もどき〟です。

「悦」とは、祈りや願いによって心がスッキリとしたよろこびのことです。

人の批判は一瞬だけスッキリするかもしれませんが、心のわだかまりは、批判すればするほど複雑に絡まっていきます。

人の批判をすることが多いコミュニティからは出ていきましょう。そして、プラスの言葉が飛び交うコミュニティに居心地のよさを感じられるように、自分自身をプロデュースしましょう。そのために、ふだんからプラス言葉を使うように意識するのです。

ちなみに私たちの細胞は、新陳代謝によってそのほとんどが3か月程度で生まれ変わることがわかっています。全部とは言わず、細胞の過半数がプラスの言葉でつくり替えられる2か月の辛抱。人生は2か月あれば、本当に劇的に変えることができるのです。

36 人間関係をよくする魔法の言葉

私のビジネスの師匠である川原悠伍さんも、ダメ出しや人の悪口を絶対に言いません。よっぽどダメなことがあった場合にも、陰で言わずに、その人に直接、きちんとわかりやすく話をしてくれます。出会ってからの数年間、ただの一度も人の陰口を聞いたことがないので、本当に頭が下がります。

彼は経営のプロフェッショナルです。とくに事業再建においてはスーパードクターのごとく、ミスのないオペを次々と成功させます。

そんな川原さんのもとには、連日多くの経営者（塾生）がアドバイスを求めて相談に来ます。彼らがアドバイスどおりにやらず、後日同じ問題を抱えて相談に来たとしても、そのことを責めたりしません。**現在地（現状）を手際よくヒアリングすると、「だったらこうしよう」と言って、今いる場所からゴールまでの最適ルートを提案してくれます。**

私は、この川原さんの考え方を**「カーナビ思考」**と呼んでいます。

運転手が、示したルートを繰り返し無視しても、怒ったり、呆れたりせず、カーナビのように何度でもリルートし、最後まで伴走するような関わり方のことです。

「またあなたにお願いしたい」と言われることが、すべての商売に通じる秘訣ですから、これなら人も信頼もお金も集まるのは必然です。

私のように、示したルートどおりに進まないと「違うって！」「言われたとおりに行けよ！」なんて文句ばかり言ってくるカーナビだったら、電源をオフにして、二度と相談したくありませんよね。

ダメ出しをしたくなったら、「だったらこうしよう」という魔法の言葉を口にしてみてください。その瞬間に、過去から未来に視点が向き、前進的なアイデアを脳がリルートしてくれますよ。

37

悪口やウワサ話をなかったことにする裏技

それでもダメ出しや悪口はなかなかやめられません。実際、私は多くの成功者に会ってきましたが、悪口や陰口、ウワサ話をまったく言わないという人は相当レアです。気心の知れた仲間内での酒の席ともなると、やはりそういう話に花が咲いて、盛り上がったりしてしまいます。

しかし、**彼らは必ず最後に「でも感謝しているけどね」「そうは言っても、こういういいところもある人だけどね」と打ち消しの言葉をつけ、悪口のまま終わらせません。**

悪口やウワサ話を推奨するわけではないですが、前述した水の結晶でいうと、終わりよければすべてよし。マイナス言葉を言ってしまったら、必ずいいところを見つけてプラス言葉で終わらせることが大切です。

先日お会いした大成功者の方が、酔っ払った勢いで、ある人のことを散々ダメ出ししていました。その直前まで「人の陰口を言うのはいけない」と話していたので、私が冗談で「それは陰口ではないですか」とツッコむと、「これは陰口じゃない。事実です」と平然とおっしゃって大笑いしました。

成功者とはいえ、そんなものなのです。

言ってしまっても、あまり深刻に考えすぎないことも、悦るためには重要ですね。

38

グチも弱音も「デスノート」に吐露《とろ》する

さんざんダメ出しや悪口は言わないほうがいいという話をしてきましたが、「それでも」ということにはたくさん遭遇します。悦る人生をつくるためには、それらを**吐き出せる自分だけの場所を持っておくことをおすすめします。**

不平不満を人に吐き出すと、それがウワサ話となって広まり、伝言ゲームで枝葉がついて本人に伝わったりします。その結果として、自分が悦れない状況をつくってしまうことにもなりかねません。

そこで、「Twitterの裏アカウントを持ったり、ブログで鍵付き（非公開）の記事を書いたり、誰にも見せない秘密のノートに書きなぐったりして、ため込まずに吐き出すストレス発散法を持っておくことはおすすめです（くれぐれも誰にもバレませんように）。

この発想の源は、有名な画家のレオナルド・ダ・ヴィンチです。

彼は世紀の大天才であると同時に「メモ魔」としても有名で、数々のアイデアをメモした手記が残っています。じつは、**ダヴィンチのノートにはアイデアだけではなく、かなりのグチも書かれています。**岩波文庫から『レオナルド・ダ・ヴィンチの手記』が上下巻で出ているので、興味がある方は読んでみてください。

私の推測ですが、ダヴィンチは負の感情をため込まないために、自分のノートに感情を吐き出していたのでしょう。天才が実践していたストレスをため込まない対処法。世紀の大発明のひとつといっても過言ではないかもしれません。**「デスノート」ならぬ「ディスノート」。**ぜひ、お試しあれ。

余談ですが、ダヴィンチの手記のなかには「あいつふざけるな」「俺を誰だと思っているんだ」「金持ちなだけで、何様のつもりだ」などといった怒りがぶちまけてあります。ちなみに当時の人のダヴィンチへの人物評は、背が高くてハンサムで誰に対しても紳士的、だそうです。天才も、私たちと同じく裏と表がある人間なんだと、ホッコリしますよね。

第5章

あなたがヒーローになろう

39

他人の長所から、自分の長所を発見する

人の長所を見つけることは得意ですか？

どんな人でも、「ここはすごい」と思えるところが、ひとつやふたつはあるはずです。

私は、500人を超える人たちに半生を語ってもらうインタビューをしてきましたが、何の取り柄も特徴もない人生を過ごしてきた人はひとりもいませんでした。誰もがユニークで、「すごい！　おもしろい！」と言える取り柄や強みを持っています。

ほかにも「よく見たらホリが深くてメリハリがある顔だなぁ」「きれいな声をしてるなぁ」「服の色の組み合わせが秀逸だなぁ」「いつも靴をきれいにしてるなぁ」など。他人の小さな長所を見つけていくことで、思いがけず自分の長所にも気づくことができるようになることがあります。


この心理作用を「カラーバス効果」と言います。

この作用について少し、説明しましょう。

今、その場で目を閉じて「赤」をイメージしてください。しっかり赤をイメージしてから目を開けると、1秒の間に赤やピンクやオレンジといった赤系のものがドバッと視覚に飛び込んできます。次に目を閉じて「青」をイメージすると、青や水色、緑といった青系の物が飛び込んできます。これが「カラーバス効果」です。**人の長所を探していると、このカラーバス効果の作用で、自分自身の長所にも気づけるようになるのです。**

私の運営するコミュニティに、人のダメなところばかりを指摘する女性がいました。指摘は的確ではあるのですが、彼女はいつも独りぼっちで寂しそうにしていて、自分に自信がありません。一方、どんなときも人のいいところを見つけて、褒めて、笑顔で寄り添っている女性がいます。彼女はどんどん自分の才能を開花し、自信に満ちあふれ、彼女のまわりにはいつも笑顔の人であふれています。

じつは、この2人の女性は同一人物です。彼女はカラーバス効果の作用を使い、人生が180度好転してしまったのです。

あなたもまわりにいる人の長所を探してみてください。きっと、あなた自身の長所が見つかりますよ。

40

「すごい人認定」を発行する

最短で悦る人生をつくるための効果的な方法のひとつは、自分の周囲に「すごい人」を集めることです。とはいえ、いきなりすごい人のコミュニティに入っても、恐れ多くて居心地の悪さや劣等感を覚えることになるかもしれません。

そこで、あなたが今いる環境で実践する方法をお伝えします。

あなたのまわりには、あなたにはない才能を持った人たちであふれているはずです。

「彼女はこの能力がすごい」「彼にはこんな優しさがある」「上司は話術の達人だ」……などあなたのまわりにいる人のオンリーワンのすごさをたくさん見つけるのです。3日も探していると、あなたの周囲の人はみんな「すごい人」に思えてくるはずです。

まわりの人たちがみんな「すごい人」になっていくと、先ほどのご紹介したカラーバス効果も手伝って、そのコミュニティに所属しているあなた自身も「すごい人」だと脳が錯覚するようになります。

その結果、自己肯定感は自然と上がっていくのです。

一生懸命に自分のことを見ようとしても、なかなか見ることはできません。目はあなた以外の外側を見るようについていますから、あなたの視覚が捉えられる範囲をよく観察して、「すごい人認定」をしていくことで、あなたの自己肯定感も爆上がりすることと間違いなしです。

これの逆をやってしまうと、あなたの自己肯定感も一緒に下がってしまいますから、くれぐれも気をつけてくださいね。

41

自分にとってのヒーローを演じよう

私は、自分で立ち上げた出版社の本をリヤカーに積み、日本中を行商してまわる旅が終わったあと、燃え尽き症候群になってしまいました。ひとり新潟で療養するなか、本書のテーマである「悦」と深く向き合うことになりました。大学ノートに、私が子どものころから何に悦っていたかを書き出していると、私にとってのヒーローたちが、ジャッキー・チェンや、映画の「ロッキー」だったことを思い出しました。

私のヒーローたちに共通するのは、「最初は弱い主人公が、修行を経て強くなる」という典型的なサクセスストーリーです。

なかでも、もっとも親近感が湧くのがジャッキー・チェンの映画です。最初は口ばかり達者でケンカの弱い主人公。逃げたり、サボったり、へこたれたりするのですが、ある日、師匠が宿敵との闘いで殺されてしまいます。師匠の仇討《かたきう》ちのために亡き師匠に教わった修行に打ち込み、最後は宿敵を倒して仇を討つ、という定番の物語。

映画を見終わると、重石《おもし》に見立てた枕を背中に乗せて腕立て伏せをしたり、ぶら下がり健康器を引っ張り出してきて懸垂の修行を積んで、最後には宿敵である枕に打ち勝ってから眠りについていました。私にとって「悦」な時間だったことは言うまでもありません。


バスケットに夢中になり過酷な練習に取り組んでいた学生時代も、100kgのリヤカーを引いて毎日10時間40kmを歩き切っていた日々も、それを努力と思ったことは一度もなく**〝誰も真似できない修行をしている俺〟に全力で悦っていたことに気づけました。**

燃え尽き症候群で療養していた新潟でそのことに気がついた私は、子どものころの夢のひとつ、キックボクシングの世界チャンピオンを目指して、再び東京に戻ってくることになります。


その後の実際に起こった映画のようなストーリーは「おわりに」で綴《つづ》りますが、**私は人生最大の危機から、私のヒーローたちのおかげで、カムバックすることができたのです。**

あなたにとってのヒーロー、ヒロインは誰ですか？　彼らのどんなところに魅力を感じていましたか？　さあ、ヒーローを演じる人生をスタートしましょう。

42

「今」の自分を100％信じる

成功者の多くが、一度決めたことでも「違う」と思えば撤回したり、約束したことでも反故《ほご》にしたりします。「臨機応変」といえばそれまでですが、彼らの心変わりに振りまわされる側の立場になると勘弁してほしいですよね。

世界中で、「お金持ち」や「成功者」は悪党の代名詞として映画に用いられることが多いですが、総じて、幸せな成功者ほど嫌われ者なのかもしれません。

彼らはその立場上、決断の連続の日々を過ごしています。「朝令暮改《ちょうれいぼかい》」ということわざがありますが、彼らは毎分毎秒でアップデートを繰り返し、夕方には、朝の情報量とは比べ物にならないほどのアップデートが完了しています。

朝の判断が違うと思えば直ちに損切りしてロスを最小限に抑えます。はじめることとやめることを高速で回せる人が、経営者として優秀なのです。

はじめる判断が遅いと、その分チャンスも逃しますし、やめる判断が遅いと、その分、損害は甚大になります。それらの決断にいちいち罪悪感と向き合う暇はありません。

ですから一見、相手のことはお構いなしに判断できる経営者は、まわりに何と言われようがうまくいきやすいのです。

あなたはきっといい人でしょう。多少、周囲を顧みずの行動をしたところで、彼らほどたいした迷惑はかけることができません。**一度言ってしまった過去の自分に捉われないでください。「今」の自分を100%信じて、毎瞬毎秒、自分の人生の舵取りをしていきましょう。**

43

やらぬ善より、やる偽善《ぎぜん》!

電車やバスで誰かに席を譲るとき、「周囲から偽善と思われないか気になる」「譲ろうとした相手に断られたらどうしよう」と思って譲れなかった、なんて経験をしたことはありませんか? たしかに、席を譲りたいと思っても、実際に行動を起こすには勇気がいりますよね。

ただ、「席を譲りたい」と思っているあなたがいるわけですから、譲らずに座り続けていては、悦れそうにありません。

譲ったほうがいいなと思うのであれば、「もしよかったらどうぞ」と声をかける。

そんなあなたのかっこいい提案を、相手が受けるのか断るのかは、あなた自身がコントロールできない問題です。

あなたは結果も気にせず、周囲の目も気にせず、自分が善だと思った心を実践した。そんな自分に思う存分、悦って大丈夫です。

結果として断られたとしても、すでに理想のあなたを実践したことによって悦れていますから、「悦らせてもらって、ありがとうございます」と心のなかで感謝してしまえば、ますますあなたはハッピーです。

多くのボランティア活動をしていることで知られる俳優の杉良太郎さんは、マスコミから偽善だと言われた際に、「やらぬ善より、やる偽善」とキッパリ答えました。

ボランティアをするのがいいことだと思っているのに、周囲の評判を気にしてやらないのでは、自分自身が悦れません。

誰に何を言われても「そうですけど。それが何か？」と胸を張って言い切れる人生でありたいものです。

外野の評判で行動指針を変えていると、周囲から少し批判や皮肉を言われるだけで、すぐに心が折れてしまいますから。

第6章

超・自己中心主義で進もう

44

よくある「成功法則」では成功できない落とし穴

多くの成功法則では、ある種の自己犠牲を伴う行動が推奨されています。
たとえば、このような言葉を聞いたことはないでしょうか。

・人のために行動する
・感謝を忘れない
・相手を応援する
・人から与えられるよりも先に、自分から与える
・嘘をつかない
・人のせいにしない

このような行動原則は、私たちに「清廉潔白《せいれんけっぱく》になりなさい」と言っているようなものです。行動できなかったときには、自己嫌悪に陥ります。

仮にがんばって継続したとして、いっときの心の豊かさは味わえても、現実的な時間や労力やお金が奪われ、なかなか報われません。そのようなことが続けば、遅かれ早かれ、自分自身がほかの誰よりもつらくなるときが必ず来ます。

自己啓発本などで言われている「美しく素晴らしい成功法則」を、そのまま実行しようとすると無理が生じるのは、「自分」が抜け落ちているからです。

行動のベクトルが自分の中心を通過しているか、いきなり外の人に向かっているかで、結果としてやっていることは同じでも、充実感や豊かさは大きく変わります。

あなたのどんな行動も「自分のため」という目的を自分自身に向けた上で、その先に広がる誰かをイメージしてみてください。

45

超・自己中心主義のすすめ

悦る人生の秘訣をひと言で言えば、それは「超・自己中心」であることです。

ただの自己中心ではありません。自己を超えて〝自分のために誰かを幸せにしよう〟と働きかけることです。自分のことを置き去りにして、自己犠牲の精神で人のために行動することとは真逆です。

「超・自己中心主義」とは、すべての物事を自分のためにおこなうということ。誰かのための行動も含めて、自分のためです。すべての行動を「してあげる」ではなく「したくてしている」ということが大前提。

「偽」とは「人の為」と書きます。自分をおざなりにして「人のため、人のため」と生きていると、人生の中心軸から自分が抜け落ちて「偽者の私」になってしまいます。これでは悦れません。

「してあげている」という気持ちになったら、たとえ約束を反故することになったとしても、問答無用で「自分のため」と心から思える範囲に引き下がってください。

一見、無茶苦茶な理論に感じるかもしれないですが「超・自己中心」を意識すると、自分の行動の見返りを相手に求めることがなくなります。

相手によかれと思うことをしたとして、結果、感謝されなくても構いません。ありがた迷惑だと思われても憤慨《ふんがい》することなく、「相手のニーズを見誤った」と反省し、改善するだけです。**自分の行動と結果を誰かのせいにすることはお門違《かどちが》いです。**

マザー・テレサは自分を犠牲にして目の前の人に手を差し伸べたのではありません。「神様の希望に忠実でありたい」という〝自分自身の望み〟を中心に、目の前の縁ある人に手を差し伸べたのです。これを見落としてはいけません。

多くの幸せな成功者を見てきて、この中心軸を外して幸せになっている成功者は、ただのひとりも存在していません。**「してあげる」という気持ちになったとき、「それって誰のため？」と自分に問いかけてみてください。**

46

あくまでも「自分のため」ファースト

「超・自己中心主義」でいることのメリットには、さまざまなものがあります。

代表的なメリットとしては「ストレスが減る」「人に対して何かを求めることが少なくなる」「人から応援される」などです。毎日が幸せで、楽しいと思えることが圧倒的に増えます。

「同じGIVER（与える人）でも、自己利益への関心の高さで本人の豊かさが変わる」

これは、アメリカの心理学者であり、ペンシルベニア大学ウォートン校の組織心理学者でもある、アダム・グラント氏の言葉です。この言葉が「超・自己中心主義」のあり方、素晴らしさを物語っていると思います。

誰かに与えるという行為を実行しようとしたときに、それが「自分のため」を通過した先にある「誰かのため」になれているかで、豊かになれるか、報われないかが大きく異なります。あくまで、「自分のため」ファーストなのです。

世の中のあらゆる成功法則は、この「超・自己中心主義」を元にして考えると、すべて辻褄《つじつま》が合います。逆に考えれば、「超・自己中心主義」であることが、世の中の「成功法則」を無理なく実践できる唯一の方法です。

たとえ「それは違うのでは？」と感じる成功法則があったとしても、「超・自己中心主義」で考えれば辻褄はピッタリ合い、与えることに躊躇がなくなるでしょう。

損得で考えることに違和感がある方も「悦れるか」「悦れないか」で考えてみてください。悦れるのであれば、それは「ＧＯ」です。悦れないのであれば「ＮＯ」です。

この判断基準をしっかり持てるようになると、それだけでずいぶんと楽になりますよ。

47

いつも、ちょっとだけ損を取る

「損して得取れ」という言葉がありますが、近年では「損して〝徳〟取れ」と書き換えられるなど、「得」という言葉が忌み嫌われがちです。

ですが、多くの豊かな成功者は先ほどのアダム・グラント博士の言葉にもあるように「自己利益」、つまり「得」をしっかり考えています。

経営者ともなると、会社の利益に貢献し、株主、従業員、ひいてはお客様に本業を通して還元することが第一義ですので、「損得」を考えない経営は「愚」です。

ですが、自分たちの「得」ばかりを考えていては、相手もやすやすとは得をさせてくれません。だって、相手だって損せず得したいわけですから。

だからこそ、幸せで豊かな成功者は、相手のほうに得を多めに与えてあげるのです。

くれぐれも間違えてはいけないのは「100：0」で与えるのではなく、「55：45」と

か「60：40」ぐらいで、相手に少しだけいい条件で与える。

すると、次回からもあなたの交渉には耳を傾けてくれます。

自分の得ばかり考えている人の交渉は、誰だってうんざりします。最後には内容を伝える前に「NO」と断られるでしょう。

一方、いつも自分たちに得な条件で話を持ってきてくれる人の話は、何度でも受け入れたくなりますよね。

そうやって信頼を積み重ねたあとには、内容を伝える前から「YES」の返事をいただけるようになります。交渉する時間も省けますし、たくさんの人との交渉がスムーズに進行します。ちょっとずつ損していたはずが、結果として大きな利を得られるのです。

「戦略」とは「戦を（省）略する」という意味です。敵をつくらず、交渉の手間も時間も省くのですから、「損して得取れ」という戦略の意味がおわかりいただけるのではないでしょうか。

ちょっとだけ相手が得をする提案をいつも持ちかけることで、あなたの悦る環境が整い、加速してあなたを幸せにしてくれるでしょう。

48

シャンパンを注ぐ者になる

シャンパンタワーをご存じですか？　ピラミッド状に積み上げたシャンパングラスの一番上にシャンパンを注ぐと、グラスからあふれ出たシャンパンが下に並んだグラスを満たしていき、またあふれたシャンパンがさらに下のグラスに注がれていくというもの。

これをたとえにして、まずは一番上のグラス（自分）が満たされてから、あふれた分を次の人たちに分け与えなさい、という、人生を豊かにするための教えがあります。

さて、この教え、多くの成功者が言う「先に与える」に反していると思いませんか？

では、一体どちらが本当の豊かになる法則なのでしょう？

どちらも真逆のことを言っているようで、本当のことを言っています。シャンパンタワーでたとえるのは、ひとつの側面からの真実をわかりやすく伝えたものに過ぎません。

私はよく、このシャンパンタワーの例を出して、一番上のグラスを自分と見立てるのではなく、「シャンパンを注ぐ者になれ」と言っています。シャンパンを注ぐ者、つまり結婚式でいえば新郎新婦です。シャンパンを注いでいるにもかかわらず、あんなに幸せそうじゃありませんか！　**シャンパンタワーの一番上で、ただただ豊かさが注がれるのを待つのではなく、自らシャンパンを注いで、喜ばれる側になりましょう。**

このとき、あなたが注ぐシャンパンは、あなた自身の「悦」です。あなたが悦れる何かは、みんなと分かち合えば合うほど、あなた自身を幸せにしてくれます。

たとえば私の場合、数多くの成功者と接してきて見つけた法則をわかりやすく伝えることが、私が持っているシャンパン、つまり「悦」です。

私は自分の発見をシェアすればするほどイキイキと悦れます。このとき私の魅力は最大化し、たくさんの人が私の話を聞きにきてくれて、なお一層私は輝けます。私の研究結果を聞いてくれる人たちに感謝の念が湧いてきます。多くの人が私のことを「田中さんは無償でたくさん与える人だ」と言ってくれますが、いいえ、とんでもない。むしろ、私の「悦」を受け取ってくれて、私をイキイキと輝かせてくれて、ありがとうございます。

あなたが悦っているとき、あなたの魅力は最高に輝きます。

出し惜しみせずに、思う存分、あなたの「悦」をみんなと分かち合ってください。

49

「与える者は与えられる」の本当の意味を知る

「与える者は与えられる」とは、昔から世界各地で言い継がれている原理原則です。

私がリヤカーを引いて1冊の本を売り歩いていたことは前述しましたが、最初から順風満帆の旅ではありませんでした。東京を出発して、東海道の各地で露天商《ろてんしょう》をやりながら名古屋に着くまでの1か月半、**売れた本はわずか「9冊」でした。**

いよいよ心が折れかけた名古屋の地で、知人のご縁で、先にも登場した不良牧師のアーサー・ホーランドさんと電話で話せることになりました。このときの数分間の電話で、その後の本の売れ行きも、私の人生までも、大きく転換することになりました。

「縁ある人にしか出会わない。せっかく縁あって出会った人に、本を売ろうとするのではなく、お前の体験を語って救ってやるんだ」

アーサー牧師のこのアドバイスが妙に腹に落ち、その日から縁あって出会った目の前の人の困りごとを徹底的にヒアリングし、私が知る限りの体験や知識を駆使して課題解決のために耳を傾けることにしました。**すると……本が飛ぶように売れはじめたのです。その10か月後には、路上で1万冊を超える本を販売していました。**

相手は必ずこう言いました。「聞いてくれてありがとう」。私は言います。「こちらこそ、話してくれてありがとうございます」。これはまったくの本心です。

「与えるものは与えられる」とは、与えたものがブーメランのように返ってくることでも、自分が期待している何かがお礼に返されるわけでもありません。

結果に期待するのではなく、すでに与えられている〝今ここにある互いの豊かさ〟こそが、この法則の真意です。

私はこのことを体験で子どもたちに伝えたいと、「コミュニケーションカードゲームGIFT」というゲームを考案しました。このゲームは瞬く間に日本中に4000人を超える愛好家をつくり、海を越えてスイス、オランダでもブームになったと聞きました。

全国で仲間たちがゲーム会を開催しているので、ぜひ、検索して見つけて、プレイしてみてくださいね。

50

人の価値は「We《ウィ》 Area《エリア》」で決まる

元サッカー日本代表の岡田武史監督の講演は、私が数々の講演を聴いてきたなかでも間違いなくベスト3に入る感動を覚え、今でも鮮明に記憶しています。

彼がかつてワールドカップの日本代表監督を引き受けたとき、世間からどんなに叩かれても、その信念だけは譲らずに結果を出せたのはなぜでしょうか。

彼は「人の価値は『We Area』で決まる」と言います。

人はみな「Me（私）」からスタートします。やがて、この人のためなら自分の命に代えてでも守りたいと思えるパートナーと出会うと「Me」は「We」に変わります。結婚して子どもが生まれれば、「We」は3人に進化します。本音で「俺たち」「私たち」と言える、運命共同体のような「We Area」が家族から仲間、地域、業界へと広がり、最後には「日本」という意識に広がっていくことが、人の価値だというのです。

「We Area」がマザー・テレサのように世界レベルまで広がっている人が偉いかと言えば決してそうではなく、「We Area」が家族4人の規模でも、世界規模であっても、そこに込められている愛が同じ質量であれば、誰もが人の価値として尊くて素晴らしい、そう岡田監督は言いました。

選手選考に関してさまざまな物議を起こした岡田ジャパン。選考は「We Area」が日本にまで達した本物の愛国心を持って戦える選手を選抜したそうです。フランスに渡って試合を目前に控えたある日、岡田監督の自宅に暴徒が押し寄せ、投石され、警察機動隊が出動する事態になりました。そのことをメディアから聞いた岡田監督は、慌ててご家族に連絡したそうです。すると、その電話で当時中学生だったお嬢さんにこう言われたそうです。

「パパがやってきたことは私たちが一番知っているから、今は試合に集中して！」

岡田監督の「We Area」の思想が、口先だけの理論ではなく、家族間でも実践してきたからこそのエピソードです。日本サッカーの未来を見据えて岡田監督が断行した世代交代によって、その4年後の日韓ワールドカップで日本代表は「ベスト16」という歴史的快挙を成しとげ、日本サッカーの飛躍に貢献しました。

We Areaを広げられるように、あなたに与えられた「悦」を見つけていきましょう。

51

「本当にやりたいこと」は何ですか？

以前、中国武術の世界チャンピオンの先生から、こんな質問を投げかけられました。

「田中さんは、何がやりたいのですか？」

リヤカーで日本一周することを決め、その出発直前のできごとです。単純に旅をする動機が知りたいのだろうと考えた私は、日本での自殺者数のデータを伝え、「自殺を考えている人を、この本で救いたい」ということを話しました。

しかし、先生にあらためて問われます。

「で、田中さんは何がしたいの？」

心のなかで「先生、ちゃんと聞いていたのかな？」と思いつつ、今度は、自殺者を救おうと思った私の原体験について話すことにしました。

しかし、話し終えると先生はこう言いました。

「私の質問は、田中さんが何をしたいのか、なのですが？　さっきから聞いてると、世の中の自殺者数がこうだから、自分も以前自殺をしようとしたことがあるからとか、今ここにいる田中さんが『本当にやりたいこと』ではないということに気づいていますか？

田中さんが過去に自殺をしようとしたのは、もう終わった過去のことです。

今、仮に自殺者は世界中探しても0人だったとしましょう。世の中は平和です。で、そのとき田中さんは何がしたいのですか？　過去の自分や、世の中の不幸に依存せず、今、ピンで立つ田中克成は、何がしたいのですか？」

この答えを出すのに、7年の月日が必要でした。

私が本当にやりたいこと。それは「**より多くの仲間たちと一緒に人生を思う存分楽しみたい。そのための自分という器をどこまで広げられるか、人生という大舞台を使って探究し続けたい**」ということです。

さて、あなたの「本当にやりたいこと」は、何ですか？

第7章

「応援される人」になるために

52

悦の〝お門違い〟にご用心

どんなことが「悦」なのかは人それぞれです。

「超・自己中心主義」の項でも話しましたが、まずは「自分のため」を通過したうえで、そこから周囲の人たちに悦ってもらおうと思ったら、相手をよく観察し、相手がどんなときに悦れているかを知らなければいけません。

このときの落とし穴は、「私（僕）が悦れるから、あなたにも悦ってもらえると思ったのに」という思い込みです。

また「せっかくやってあげたのに、感謝すらしてくれない」と考えるのも、完全に独りよがりの「悦のお門違い」です。それは、あなたがやりたくてやった行動が的外れだったというだけのことです。謝るのはあなたのほうですよね。観察不足でごめんなさい、です。

「超・自己中心主義」は、すべての行動を「してあげる」ではなく「したくてしている」ということが大前提だというお話は前述しましたが、**それでも、あなたの「悦」が必ずしも相手の「悦」ではないということを十分に理解しておく必要があります。**

自分の価値観を脇に置いて、よく相手を観察しましょう。

あなたの隣にいるその人の「悦」は何ですか？

53

本当のプラス思考を手に入れる「#サバカズ」

前述したリヤカーでの旅中、「この峠を越えたら今日のゴールだ！」というときに、いきなり5メートル先が見えないゲリラ豪雨が降りはじめました。

たまたま横にあったガソリンスタンドで雨宿りをさせてもらいました。そして、雨をしのぎながら〝このタイミングで雨が降ったことの意味〟を考えました。

「この雨で足止めをくらったおかげで、この峠を越えた先にこの本を必要としている人と出会うんだろうな」と思うとワクワクしてきました。

でも、その出会いの期待が高まるほど「もし出会わなかったら、この雨の意味は何だったんだろう？」と、今度は出会わなかったときのことを考えて不安になってきたのです。

プラス思考は、多くの場合マイナス思考がベースになっていて、その不快から逃れるためにムリにプラスに解釈しようとしている状態です。私はそのとき「雨が嫌だ。このタイミングで雨が降るのはツイてない」とジャッジし、どうにかこの不快から逃れるためにプラスに考えようとしていました。

そこで「プラスにもマイナスにも考えない」ことを決め、湧いてくる不快な感情をただ観て、「サバカズ（裁かず）」とつぶやき、プラスやマイナスのどちらかに意味をつけようとする思考を遮断し続けました。すると、ある至極真っ当な真実に気づいたのです。

「俺の歩みを邪魔したり、俺と誰かを出会わせたり、そんなふうに俺だけのためにこの広範囲にわたって雨は降らない」

それはそうです。自分のために雨が降るなんて思い上がりです。**その当たり前の真実に気がつくと、たまたますぐ横に雨宿りできるところがあってよかった、おかげでたまたま濡れずにすんでよかった、と、たくさんのラッキーに気がつくことができたのです。**

「ただある」に気づくと、「ツイてる」「ありがたい」という感謝が湧いてきます。

このときの体験を発信し、「#サバカズ」とハッシュタグをつけて皆さんの体験談を募集すると、多くの方が共感し、実践してくれました。「楽になった」「恐れや不安が減りました」と、たくさんの声が届きました。あなたもサバカズを実践して、その体験を「#サバカズ」でSNSに投稿してみてください。やみつきになるかもしれませんよ。

54

悦は「むっつり」で楽しむ

悦れることが見つかると共感してほしくなるのが人情です。

FacebookやInstagramに自分の悦体験を投稿して、たくさんの「いいね」がつくと嬉しくなり、少ないとガッカリする。あなたもそんな経験がないでしょうか？

たしかに、自分が悦れることに共感してほしくなる気持ちもわかります。

ですが、**悦の基本は「むっつり」です。ひとりでほくそ笑んで、幸せをかみしめている。そういう状態が理想だと思ってください。**

わざわざFacebookやInstagramに投稿するからこそ、他者からの承認を求めてしまうのかもしれません。

「投稿する＝共感してほしい」ということが往々にしてありますから、**せっかく自分だけ**

の悦れることが見つかったのに、SNSに投稿して、反応があるかないかに一喜一憂するのは本末転倒です。

私はよく「Keep The Sanctuary（聖域を守れ）」という話をします。自分の「悦」を見つけたら、自分だけでこっそり、ひっそり、むっつり、楽しんでくださいね。

55

自分にも他人にも、責任の所在を探さない

私は高校時代バスケットボール部でキャプテンをやっていました。県の強豪校でしたから厳しい規律がありました。もしボールを足で蹴飛ばそうものなら鉄拳制裁。それは神社で買った御守りを足で蹴飛ばすことに等しく、私たちの価値観では「ボールを蹴る」という行為は犯罪レベルの悪なのです。

ところが、ある日、いつもと同じように体育館に行くと、チームメイトたちがコートのなかでボールを蹴って遊んでいるじゃないですか！　なんという不届きな！

私は怒りを露《あら》わにチームメイトたちに注意します。

でも、彼らは私がなぜ怒っているのか、さっぱり理解していない様子です。

「なぜ、こんな当たり前のこともわからないんだ！　そんな奴らとは思わなかった！」

さて、この事例は私のつくり話ですが、コートのなかで怒り狂っている高校時代の「私」の視点から一歩外に出て、全体を俯瞰して見てみましょう。

じつは、チームメイトが蹴っているのはバスケットボールではなく、サッカーボールだったとしたらどうでしょうか？　何も悪くないですよね。

「ボールを蹴る」という行為自体に、正しいも誤りもありません。

誰も何も悪くないのですから、責任の所在を自分にも相手にも探さなくて大丈夫。誰かのせいにしたくなったら、一歩下がって、俯瞰して見るクセをつけましょう。

あなたはあなたの人生の責任者として、仲間と一緒にサッカーを楽しむのか、仲間のコートを出て、バスケットをしている新しい仲間のところに行くのかを、選べばいいだけなのです。

56

手と手を合わせる習慣を持つ

以前、チベット密教のダライ・ラマ14世が来日された際に、来日イベントの音楽をプロデュースされた方とお仕事をご一緒する機会がありました。

彼女と話すなかで、手を合わせる習慣について興味深いお話を聞きました。

「世界各国、お祈りするときは掌《てのひら》と掌を合わせているでしょう？ インターネットが普及するずっと前、数千年以上も昔から、どの国でも手を合わせるということをやってるんですよ。昔の人は〝目に見えないもの〟に敏感でしたから、体内のエネルギー（氣）が、右の掌から出て、左の掌から入ることも知っていた。手と手を合わせることで、体内のエネルギーが循環するんです。

でも、最近は家に仏壇も神棚もないご家庭が増えてきて、それどころか食事のときの

『いただきます』『ごちそうさま』でさえ親が手を合わせなくなっている。だから、子どもは手を合わせるという行為自体を知らない。知っていても親がやらないから非日常なの。

つまり、国民全体が体内のエネルギーを循環させなくなってしまったから、キレやすい子どももたくさん出てきたし、大人たちも精神不安定。日本はその習慣を失った唯一の国で、その結果、自殺者数でダントツのトップという不名誉な国になってしまったと思っているの」


私はこの話がストンと腹に落ちて、自宅の神棚や、食事のときに**しっかり手を合わせて、体内のエネルギーが循環しているイメージをするようにしています。**

気のせいかもしれませんが、循環していることをイメージすると妙に落ち着いた気持ちになれ、胸の奥が温かく幸せな気分に浸れます。ぜひ試してみてください。

57

ご先祖様から応援される、命のパイプ掃除

私は子どもたちにも手を合わせている姿を見せるために、食事の前にかなりの長時間、手を合わせて儀式をしています。

今日会った人、今会っている人、これから会う人のことを思い浮かべて、一人ひとりの顔をイメージしながら心を通わせ、感謝を伝えます。

それから、両親をはじめとする血縁のご先祖様に、命をつないでくれた感謝を伝えています。自分から見て、両親、祖父母、曽祖父母、その先の先祖代々へとさかのぼり、9代目の先祖にたどり着くころには、なんと千人を超える先祖に感謝が届きます。

ご先祖様から送られてきている「命のパイプ」がどこかで目詰まりしていると感謝が届きません。ですから毎日、感謝を送ってパイプの〝通り〟をよくしておく必要があります。

時折、目詰まりしていた汚れが落ちてくると、それはちょっとした怪我や、機械の故障、仕事上のトラブルなどの好ましくないこととなって現象化します。

しかし、汚れが出てきたということはパイプの目詰まりが取れたということ。日常の感謝が、その先の先祖へと届けられるようになります。

……なんてことを妄想しながら、日々、感謝を送るという命のパイプ掃除を続けていくと、幸運なことが連続して起こりはじめます。とくに、目詰まりが取れたあとのビッグチャンスの到来は、命のパイプ掃除が有効であることを証明してくれるかのようです。

ご先祖様にしてみたら、子孫多しといえどもきっと私だけ。「あの子孫は毎日2回も3回も「感謝」を送ってくるのは、山ほどいる子孫のなかで、毎日、自分たちのことを思い出して感謝してくれてるから、応援しよう」と、千人の先祖が結託して、さまざまな奇跡のような偶然や、人とのご縁という形で、私の実力を遥かに超えた応援を届けてくれます。

いい人に出会えた、チャンスのときにたまたま居合わせた、ピンチのときにかろうじて救われた、そんなことが起こったときは、ご先祖様たちが結託して応援してくれているサインだと、余計に感謝しましょう。

58

聖域《サンクチュアリ》に行こう

夜10時を過ぎたころ、仲間たちと飲んだ帰りに新宿の花園神社の前を通ると、若者たちで境内があふれかえっていました。にぎやかに酉《とり》の市《いち》が催《もよお》され、屋台も出て活気づいています。

せっかくだからお参りしていこうと本殿に向かうとビックリ。新宿の若者たちでお参り待ちの大行列。最後尾に並んで待つこと20分。ようやく私たちの番が近づいてきました。すると、どう見てもヤンチャそうな若者たちが、神様の前で頭を下げて手を合わせて祈っているではないですか。日本人は宗教を嫌う人が多いですが、信仰心は失くしていないことを象徴する一幕でした。

以前、人生の大試練を迎えていた、とある女性コーチの相談に乗ることがありました。

何でもかんでも自分のこととして他人の不幸を背負ってしまう彼女の思考を書き換える

ため、ここまであなたにもお伝えした「悦ること」の意味と大切さを伝えた上で、自宅にもっとも近い神社に100日連続で感謝を伝えに行くようにすすめました。

その日から彼女は毎朝、神社に行っては手を合わせて感謝を伝えるようになりました。みるみる彼女は落ち着きを取り戻し、他人の不幸まで背負い込んでしまう不幸体質なマインドはなくなり、彼女自身が持っていた本来の輝きを取り戻すと、カリスマコーチとして再び活躍するほどになりました。

もうすぐ約束の100日を迎えようというころ、電話で話をしていると、彼女が通っている神社の話になりました。よくよく聞いてみると、彼女が100日通っていたのは、神社ではなくお寺だったというオチなのですが、実際にはお寺でも教会でも構いません。聖域に自ら出向き、神様を思い、頭を下げて、手と手を合わせる。このパターンを継続することが大切なのです。

神社や仏閣、教会に行って手を合わせると、清々しい気持ちになれます。まずは月に1回で構いません。慣れてきたら週に1回。悦れるようになったら100日参り。

神様に依存するのではなく、自らよろこびに行くこと。これが、今日1日を清々しく過ごすことができる「悦る習慣」です。

第8章

「お金」と「仕事」と「悦び」の関係

59

お金を使うことに目的意識を持つ

お金持ちは、見栄で人におごることがありません。たとえば、自分よりも年下の人がいた際に「割り勘かよ」と思われるのが嫌でおごってしまう人がいますが、それはお金持ちになれない人のお金の使い方です。**大事なのは、お金を丁寧に扱うことです。**

私の駆け出し時代の恩師は、某大手金融会社の会長のカバン持ちをされていた経験があります。その会長は、商談の30分前に目的地に到着し、小腹が空いたのでとりあえずラーメンでも食べようとなったとき、近くにある650円のラーメン屋ではなく、「こっちの店のほうが50円安いから」と、3〜4軒先にあるラーメン屋を選んだそうです。総資産数千億の大金持ちでさえ、ただ小腹を満たすためだけのラーメンであれば、50円でも安い店を選んだという話です。

また資産数百億円の経営者と数名でランチに行ったときのことです。私はランチセットを頼んで、食後にセットメニューのコーヒーを注文しました。その経営者は店員さんに聞きました。

「ランチセットにルイボスティはつかないよね？」

「はい。ついておりません。単品で、480円でご注文いただくことはできますが？」

「大丈夫です。普通のアイスティにします」

私は「飲みたいものを飲まないんですか？　たった480円ですし」と聞きました。

すると、その経営者は真剣な表情で私に言いました。

「あのな、今日俺は君たちとランチしながら話をしたいんだよ。これが目的。もし、この店のルイボスティが超有名で、それをみんなと飲みに来たんだったら、480円とは言わず、1500円でも3000円でも払うよね。目的がルイボスティを飲むことだから。でもさ、今日は違うじゃん。だったら余計なお金を使う意味はないよな。今日のレッスンはこれ。目的意識を持ってお金を使うこと。そうじゃないとお金に嫌われちゃうぞ」

今でも目的を忘れて気分で使ってしまうことも多々ありますが、お金にも好かれる「悦」人生をプロデュースするために、お金を使うことに目的意識を持つという習慣、ぜひとも実践してみてくださいね。

60

お金は〝今ある感情〟を増幅させるツール

以前、ある大成功者に「お金って何ですか？」とインタビューしたときのことです。

「**今の感情を増幅する装置**」という答えが返ってきました。

「どういう意味ですか？」と訊ねると、こんなふうに教えてくれました。

「お金ってね、今の感情を増幅させるんだよ。

たとえば、お金がないことが怖くて、努力してがんばってお金持ちになったとするよね。

そうすると、お金がなくなる恐怖を何倍にもしてくれるのがお金なんだよ。

仮に『誰かを見返したい！』って思ってお金持ちになったら、今の何十倍も何百倍も誰かを見返したいって感情が増幅するの。

誰かと比較して『あいつよりもお金持ちになってやる！』という感情でお金持ちになる

と、常に自分以上のお金持ちの人を見つけては比較して『劣っている』という気持ちが増幅するから、もっともっと馬車馬のように働かなきゃいけなくなる。キリがないよね。

でもさ、今が最高にハッピーな人がお金持ちになったら、どうなると思う？　今でさえ十分すぎるぐらいにハッピーなのに、そのハッピーな気持ちが何百倍にもなるなんて、ヤバくない？

まわりの人たちに感謝して『ありがたいな』『俺ってこんな素敵な人たちに恵まれて超ラッキーだな』って気持ちでお金持ちになったら？　想像してごらん。とんでもなく幸せな人生が待ってると思わない？

だからね、今、僕たちは十分に幸せなんだってことに、お金持ちになる前に気づいてからお金持ちにならなきゃ、幸せになるつもりだったのに真逆の人生が待っているってことなんだよね。ところで、君は今、幸せかい？」


どうですか？

あなたはすでに幸せですか？

超ハッピーですか？

61

できないことは「できない」と認める

自分を知ることは、幸せな人生を送るために必要不可欠です。「はじめに」でも書きましたが、幸せな人生を手に入れるためにやることは、「嫌いな自分でいる時間を減らして、好きな自分でいられる時間を増やす」だけです。

嫌いな自分とは、どんな自分でしょう?

私が多くの人を見てきたなかで、自分自身が嫌いな人の多くは、できないことを「できない」と言えない人です。

たとえば私の場合、郵送やメールの返信が極端にできません。郵送物は何日でもカバンに入ったまま持ち歩きますし、私に送ったメールが開封にならないことは仕事仲間では有名です。また、スケジュール管理も苦手で、ダブルブッキングは序の口、トリプルブッキングや、最大では同じ時間に5つまで別々のアポを入れてしまったこともあります。

当然、苦手だからという理由で許されるはずがありません。普通に考えて、こんな人間に仕事を任せようとは思いません（私なら絶対に嫌です）。仕事はなくなり、収入は目減りします。

そうなると死活問題ですから、本気の工夫が生まれます。

パートナーにランチをごちそうする代わりにやってもらったり、クライアントだったら面談がてら直接その場で捺印するために出向いたり、最近は業務委託で秘書をつけて、事務作業のほとんどはやってもらっています。

人にお願いできると、嫌いな自分でいる時間を減らせて、必然的に好きな自分でいられる時間を多く過ごせます。さらに、自分の凡ミスで迷惑をかけることもなくなり、収入も気分も上向いていくのです。

62

「本当はやりたくないこと」を書き出す

4人の子持ちシングルママの友人は、どう工夫しても料理をつくることだけは好きになれなかったようです。夕飯の買い出しの時間が近づくと憂うつで憂うつで仕方なく、午後にもなるとそれがストレスで仕事のパフォーマンスも落ちていたとか。「自分は最低な母親だ」と自分を責めていた時期は、やはり不幸せな日々でした。

ある日「ここまで嫌いなことは、どうやっても好きにはなれない」と開き直って、家事代行会社に料理を委託することにしました。家政婦さんが週に一度来てくれて、食材の買い出しも含めて1週間分の料理をつくり置きしてくれるそうです。

やはり料理好きの家政婦さんがつくる料理は最高に美味しいようで、栄養バランスも考えてくれています。子どもたちにとっても料理は美味しくなるし、ママはいつもご機嫌。今では、なんでこの選択をもっと早くしなかったのか、と後悔しているほどだそうです。

また、私が大尊敬している方が、ある日、こんな投稿をSNSにあげているのを見つけて大笑いしました。

「朝が嫌いだ。本当に朝が大嫌いだ。朝なんてなくなればいいのに」

朝がなくなるわけがないのに、それを立派な大人が、まるで子どものように声を大にして叫んでいる。なんだか、とてもおもしろい。そこで私も、世間的には決して称賛されないタブーで、**嫌いなものを嫌いだと叫んだらスッキリしそうなもの**を考えてみました。それを先ほどのフォーマットに当てはめて叫ぶとこうなります。

「仕事が嫌いだ。本当に仕事が大嫌いだ。仕事なんてなくなればいいのに」

とってもスッキリ。私は本当に仕事が嫌いなのです。声に出してみて、自分の本音がよくわかったので、最近はエンジェル投資の勉強をはじめました。

誰にでも、本当はやりたくないこと、できないことはあるはずです。一度書き出してみて、どうすればそれをやらずにすむかアイデアを出してみるだけでも、ずいぶんと心は軽くなると思います。あなたもフォーマットに当てはめて、誰にも言えないタブーを吐き出してみてください。さあ、大きい声で。

「○○が嫌いだ。本当に○○が大嫌いだ。○○なんてなくなればいいのに」

63 自分のタイプに合った働き方を創造する

私がインタビューした500人以上の成功者には、共通する点がありました。それは「パフォーマンスが高い人は、パフォーマンスが高い仕事しかしない」という至ってシンプルな原理原則を守っているということでした。そこで私は、500人の特性を4つの才能に分類し、簡単な診断テストをつくりました。

4つの才能とは「デザイナー」「プランナー」「ビルダー」「バランサー」です。

デザイナータイプの方は、ワクワクする楽しい未来を鮮明に描くと、今ココの行動力が上がりパフォーマンスは最大化します。

プランナータイプは、期日と目標数値に対して戦略、戦術を立てることで、本来の生まれ持った実力を効率的に発揮できます。

ビルダータイプは、やるべきことのタスクを洗い出して行動計画に落とし込むことで、納期内に高いパフォーマンスでそれを納めることができます。

バランサータイプは、すべての才能をバランスよく持っているので、全体を統括できるマネジメントにまわったときにパフォーマンスは最大化されます。

逆に、タイプにない才能でがんばっても報われません。たとえばイチロー選手が、大リーグのマリナーズで1番打者として10年連続200本安打の大記録を打ち立てたあと、NYヤンキースに移籍し3番打者を任されると打てなくなってしまい、打率も2割4分まで低迷し、並の選手になってしまいました。ところが再び1番打者に戻されると、あっという間にヒットを量産しはじめて、3割打者に復帰することができました。

あなたも自分の才能を知って、高いパフォーマンスを発揮できることで人生を切り拓いてみてはいかがでしょうか。

私が考えたこの診断テストは、大手企業や中小零細企業でチームビルディングに用いられています。興味がある方は左記のURLからアクセスして診断してみてくださいね。

https://www.reservestock.jp/page/fast_answer/223

64

まわりを豊かにしているメンターを選ぶ

私がとてもお世話になっている富裕層専門のファイナンシャルプランナーで『年収1億円思考』（経済界）シリーズのベストセラー作家でもある江上治さんは、メンターを選ぶ際には、**「その人が豊かかどうかではなく、その人のまわりの人が豊かかどうかで判断しなさい」**と教えてくれました。

私はライフワークで、成功者の生態を観察し、インタビューしていますが、たしかに成功者には2パターンあります。

ひとつは、自分だけが成功し続けるタイプの成功者です。その方の人間性がどうこう言うつもりはなく、客観的に見て、その人だけが豊かになり、まわりの人が豊かになっていない場合です。

もうひとつは、その人も豊かであると同時に、その人のまわりにいる人も豊かになっているタイプの成功者です。

どちらのメンターにつけば、あなた自身の人生がよくなっていくかは、言うまでもありませんよね。

あなたが今あこがれているあの人は、どちらのタイプでしょうか?

しかるべきメンターを選んで、最短ルートで、あなたらしい人生を手に入れてください。

65

相手の「悦」も、大切にする

「売り手良し、買い手良し、世間良し」という言葉があります。これは、「自分」も「お客様」も「社会」もよくなる商売をしましょう、という意味です。商売繁盛の原理原則を表す「三方良し」の考え方です。

先にも登場していただいた私の師匠の川原悠伍さんは、これは豊かになっていく順番で、実際に着手する順番は、これとは逆だと言います。**「世間良し↓買い手良し↓売り手良し」の順番で取り組むと、自ずと売り手から順番に豊かになっていく**ということです。

これと似たような教えに「たらいの法則」というものがあります。たらいの水をできるだけ自分のほうにかき集めようとすると、たらいの壁に当たってぐるんと回って向こうの壁で大きく波が立つ。逆に相手にたらいの水を送ろうとすると、向こうの壁でぐるんと回ってこちらの側で大きく波立ちます。

ゴールドラッシュの時代、一攫千金《いっかくせんきん》を夢見るアメリカの男たちが金を掘り当てに出かけていきましたが、結局そのゴールドラッシュで誰よりも儲かったのは、金を掘るための〝つるはし〞を売った会社と、毎日履いて作業しても破れない頑丈な生地のパンツを売ったリーバイスだったことは、あまりに有名な話です。

またこの数年〝好きなことで起業する〞というブームが起こっていましたが、「好きなこと起業ブーム」で儲かっているのは、「好きなこと起業」をサポートするコンサルタントと、起業塾の主催会社です。

結局どんな時代になっても、どんなブームが来ても、商売は「需要＞供給」の関係性がすべてで、**ブームが起これば起きるほど〝ブームに一攫千金を夢見て群がる人たちのサポートを献身的にやる人が儲かる法則〞**からは、逃れることはできません。

私生活においてもこれと同じで、やはり相手の「悦」を大事にしてあげられる人がモテるし、好かれるし、応援され、早く大きな利益がもたらされるのです。

66

「好きなこと」は仕事にしなくてもいい

「好きなこと」を仕事にしないと幸せになれない、と思っていませんか？　私も以前はそう思っていましたが、師匠からこう言われて、180度、考え方が変わりました。

「好きなことはお金を払って思う存分やらなきゃ。そのために吐き気がするほど稼ごうよ」

私は格闘技をするのも観るのも好きです。格闘技のことを考えない日は1日としてないほど大好きですが、商売にしたいとは思っていません。

お金を払ってジムに通い、ジムで仲よくなった選手たちに焼肉をごちそうする代わりに彼らの格闘談義に混ぜてもらい、チケットを購入してプロの試合を観戦し、お気に入りの選手にスポンサーとしてサポートさせていただき、ときどき私もアマチュアの大会に出場料を払ってリングに上がります。

大好きなことをどうやってお金にしようかと頭を悩ませる必要もなく、大好きなことを思う存分やれるお金と時間をつくるだけで、今すぐに自分をよろこばせることができます。

好きなことをわざわざ仕事にしないからこそ、プライベートが充実する上に、仕事のパフォーマンスも高まるのです。

すると、共通の仲間や、私と同じ波長のイキイキとした人たちが周囲に集まり、気の合う仲間も増えます。常にハッピーな人たちに囲まれて仕事ができるようになるので、収入面でも十分に報われて、好きなことを仕事にするよりずいぶんと幸せな日々を送れていま す。

もちろん、好きなことを仕事にしている人たちは幸せだと思いますが、好きな自分で、好きな仲間たちの困りごとや課題を解決して、そうやって稼いだお金で思う存分好きなことをやるというライフスタイルも、とても素敵な人生ですよ。

第9章

いつまでも悦べる生き方

67

いい習慣は、みんなでやろう

日本を代表するお笑い芸人で、映画監督としても大成功された北野武監督が、「**自分が成功した原因があるとしたら、素手でトイレ掃除を30年間やり続けてきたことぐらいしか思い浮かばない**」とインタビューに答えていました。

ほかにも多くの成功者がトイレ掃除を素手でやっているという話を聞いていて、「なるほど、そんなことで成功できるならやらなきゃ損だ」と私が思ってから十数年、素手でトイレ掃除をしたことは一度もありませんでした。

素手でトイレ掃除をすることと同じように、「早起き」と「瞑想」もやったほうがいいとわかっていながら、なかなか実践できないでいた善習慣でした。

そこで、私が主宰している悦る人生をプロデュースするコミュニティ「悦コミュ！」のメンバーたちと、朝5時半にオンラインミーティング「Zoom」の画面の前に集まって、

6時までの30分のうちに、トイレ掃除と瞑想をみんなで一緒に実践するという朝活をはじめることにしました。

結果、早起き、トイレ掃除、瞑想が当たり前にできるようになりました。

ひとりでやると、続かなくても誰にも迷惑がかからないのでサボりやすいですが、誰かと約束してみんなでやると習慣化できます。

白状すると、私はどうしても早起きが身体に合わなくて、5か月間はがんばって続けましたが、今は朝活には参加していません。ですが、メンバーのみんなで早起きが得意だったり、早起きができるようになった自分に悦れている方は、今でも毎朝5時半から朝活をして盛り上がっています。最近は同じメニューで「8時の朝活」というのもスタートしたので、交互に参加しようと思っています。

68

絶対に守れるマイクロルーティンを決める

あなたにも何かしらのクセがあると思います。無意識にやっているクセを「ルーティン」にしてしまうと、自己肯定感が積み上がります。チリも積もれば山となる。私はこれを「マイクロルーティン」と呼んでいます。

マイクロルーティンの条件はひとつ、忘れていても絶対に守れることです。

私の友人は、靴下を毎回右から履くクセを利用して「靴下は右足から履く」とわざわざ決め直したことで、毎日右から靴下を履いている自分に気づくたびに「ルーティンを守れた！」と自信になったそうです。

私にも、歯を磨くときは左奥下から磨くとか、お風呂に入ったら必ず最初に洗う場所や、服を着るときにやっているクセがあります。

そんなクセを集めて、絶対に守れる習慣「マイクロルーティン」に変えてしまうことで、日常のなかに自己肯定感を上げられる機会が増えます。

「ちょっとしたこだわり」でもOK。そういう日々のなかのこだわりの行動を見つける作業も、とてもおもしろいものです。

私は先日、交通系ICカードを改札にタッチするベストな角度を見つけてしまいました。その角度を見つけたときに、「これ、いいじゃん！」と思い、その角度でICカードをタッチするたびに、ひとり密かに悦っています。

そんな小さな悦が1日のなかにいくつも積み重なって、「今日も幸せだった」という1日になります。そんな1日を積み重ねた人生は、やっぱり幸せな人生だったと呼べるのではないでしょうか。

69

失敗談は、人を勇気づけるためのギフト

今でこそ会社を経営し、本を書いたり、全国で講演などもさせてもらっていますが、私も以前は会社勤めの普通のサラリーマンでした。独立起業を志し、いろいろなセミナーに行きましたが、そこで講師をされている先生方はそれはそれは立派な方々で、人として完璧でした。セミナーに参加するたびに、私は先生方と自分を比較して、「成功者というのは、こうまで完璧な人間なのか」と自信を喪失してしまいました。

ところが、いざ起業して成功者のインタビューを重ねてみると、彼らは欠点だらけじゃないですか！　ある一部の才能が他の追従を許さないほど独創的かつ圧倒的に研ぎ澄まされている一方で、彼らの一般人をはるかに下回るポンコツ加減といったら、聞けば聞くほど自信と勇気がみなぎるほどです。

彼らの失敗談に自信を回復し、多くの勇気をいただいた私は、自分の講演でも、失敗談とそこから得た教訓を伝えるようにしています（それでも、本だとどうしても美談になってしまいます。ごめんなさい）。

失敗談は、隠すものではなく、あなたに縁があって同じ失敗で凹んでいる人へのギフトになります。

ひとつ失敗したら、そこからの教訓を活かして、いずれ出会う縁ある人に自信と勇気を届けてあげられるネタを仕入れたぞ！　と準備しておきましょう。

いい経験も、そのときは好ましくない経験も、独り占めすると、遅かれ早かれ食材が腐るようにあなたの心を疲弊させます。

あなたの経験は、あなたの身近な人に悦る人生をプレゼントするギフトと考え、どんどんシェアしていきましょう。

70

「助けて」と声をあげてみよう

失敗体験と同じように、**現在進行形で困ったことが起きたときは、ひとりで解決しようとせずに、素直に人の力を借りましょう。**

望まざるできごと（アクシデント）を人に告白することで、あなたのアクシデントを解決できる人が現れ、サポートが入ります。

ほかにも、もしあなたが関わっているコミュニティ内で、あなたがアクシデントに見舞われていることを共有すると、そこにいる仲間たちが、あなたをアクシデントから救い出そうと一致団結します。

このとき、あなたがアクシデントから解放されて人生がいい方向に好転することを誰もが祈るでしょう。そのときの彼らは〝人のために祈る〟という究極の「悦」に入ることができます。彼らがそのような恩恵をいただけたのは、何を隠そう、アクシデント中であることを公表したあなたの勇気によるものです。

自分のことなのに依存的で人任せになってしまうのはよくないですが、誰のせいにもしないという気持ちで、「助けて」と声をあげるのは、甘えではなく素晴らしいことなのです。

71

不安が吹っ飛ぶ「悦ノート」のすすめ

かつて、人生が低迷して、まわりから人が離れていき、私の心には恨みつらみしか湧いてこず、気分がすっかり滅入ってしまった暗黒時代がありました。

そんな自分の細胞を書き換えるため、子どものころの夢や、今やりたいこと、これからやりたいことなどをノートにひたすら書き出すことにしました。

これを「悦ノート」と呼んでいます。

私は、コミュニティメンバーにも、「悦ノート」をつけるようにお伝えしています。

現実の世界で何が起こっていたとしても、「悦ノート」をつけている間はずっと気分よくいられます。

また、どんな小さなことでも、何か「悦」を見つけたら「今、悦った!」「今、イケて

た」と悦った自分に気づけるように意識してみましょう。そして、その何気ない小さな「悦」たちをノートにたくさんメモしていくと、少しずつ気分は上向きになってきます。

「悦ノート」をつけなかったら、今の私はいなかったと思います。なぜなら「悦ノート」をつけるなかで子どものころの夢を思い出し、40歳から格闘技をはじめることができたからです。

「悦ノート」をつけることで、私の体重の60〜70％を占める水の結晶をきれいにすることができ、細胞の新陳代謝によって肉体が生まれ変わり、つき合う人が変わったことで、今までにはなかったまったく新しい人脈のビジネスコミュニティができあがりました。

日常の小さな「悦」をとにかく書き出すだけで、状況はまたたく間に好転します。やることはシンプルですが、「悦ノート」の効果は絶大ですよ。

72

どんな境遇でも、悦びを見つける

大学を卒業してすぐに、私は単身渡米しました。英語も読めないのに、出会ったばかりの日系アメリカ人の女性不動産屋を信じて契約書にサインして、全財産を奪われました。彼女は日本人留学生を狙う有名な詐欺師だったのです。

学生時代に朝から深夜までアルバイトして貯めてきた全財産2万ドルは、渡米5日目にしてだまし取られ、文字どおり一文無しになりました。この契約書にはほかにもトラップがあって、じつは、もう2万ドルを不動産屋に借金したことになっていました。

こうして私は、窓なしの倉庫のような狭い部屋で暮らすことを余儀なくされたのです。

現地のお寿司屋さんで時給4ドルの皿洗いのアルバイトを見つけて、日々の生活費を捻出することにしました。

人生最悪の日々のはじまりだった……はずですが、ここはアメリカ。「さすが、アメリ

カだぜ！」と、なぜかだまされたことにもテンションが上がり、お寿司屋の（おそらく不法滞在）中国人アルバイトたちと、お互いにカタコトの英語で大笑いしながら、どっちが早くきれいに皿を洗えるか勝負したり、アメリカ生活を大満喫していました。

ひとりでバスに乗るのさえ楽しい。映画さながらステレオでラップをガンガンにかけて乗車してくる黒人がいたかと思えば、そのミュージックに合わせて次の降車場をラップで案内する運転手。1曲終わるたびに車内は拍手喝采。降車するときに「カッコイイ！　最高だった！」とハイタッチしてバスを降りる。「俺、アメリカで生きてるぜ！」なんて、毎日がエキサイティングな「悦」に浸れる渡米生活が、最高に楽しかったのです。

結果的に、私から全財産をだまし取った不動産屋とも仲よくなりました。

2万ドルは返ってきませんでしたが、残りの2万ドルの借金はなかったことにしてくれました（そもそも借りてないけれど）。さらに、私が資金が足りずに帰国することになったときには餞別《せんべつ》までくれ、一緒に泣いてお別れしました。

どんな状況であったとしても、あなたが悦っていると毎日はハッピーで、詐欺師さえも味方になってしまうというエピソードでした。

73

決めて進んで、積極的に流される

「上善水《じょうぜんみず》の如《ごと》し」

老子の『道徳経』にある有名な言葉です。

本文をたどると、次のようになっています。

「水はよく万物を利して争わず、衆人の恵む所に処る」

私はいつも、ポストカードに未来の自分からのメッセージを書き、財布に入れて持ち歩いています。

「私はすでに十分に幸せを感じています。だからこそ、もっと高みへと運ばれることも知っています。水は、水が流れたいところに流れるのではなく、しかるべき場所に自ずと流れつくことを知っています。未来の自分を信じ、もっと自由に、もっと気楽に、もっと愉快に、今日1日を満喫してください。私は、君の想像をはるかに超えた高みで、素晴らしい景色を眺めながら、君を待っています」

このメッセージカードに毎日目を通して、「コントロールできないことをコントロールしようとして余計にややこしくしていないか」「自然の摂理と違う方向に向かっていないか」をセルフチェックしています。

あなたももっと未来の自分を信じ、もっと自由に、もっと気楽に、もっと愉快に、今日という1日を満喫してください。

74

「自分クレド」を持とう

私は、誰もが「自分クレド」をつくることをすすめています。

「自分クレド」とは、悦れる自分と、悦れる人生をつくるための〝指針〟です。

将来の理想の私を「神」としたときに、理想の人生に向き合い、日々、理想の自分に向き合えているかを点検するための指針となります。

クレドはラテン語で「我は信じる」「信条」という意味を持ちます。元々はキリスト教の使徒信条を指しますが、アメリカの大手企業ジョンソン・エンド・ジョンソンが、企業活動が拠り所とする価値観、行動規範を簡潔に表した言葉にまとめたことで、全世界に広まりました。

自分の理想の人生を目指し、ご先祖様に感謝するといった日々の習慣や、悪口を言わない、人脈泥棒をしないといった自分ルールを設定して、それにひたすら邁進する。
自分の理想《ビジョン》にたどり着くために、どういう命の使い方《ミッション》をすればいいのかを考えることは、まさに「自分クレド」です。

パッとひと目で自分の在り方を点検できる「自分クレド」があれば、ワクワクしながら理想の自分に近づけると思いませんか。

私が主催するオンラインサロン「悦コミュ!」では、定期的に前項で紹介した未来の自分からのメッセージカードと、自分クレドを作成するワークショップもやっています。興味がある方は213ページのQRコードからチェックしてみてくださいね。

75

ビビったらGO!

「ビビったらGOだぞ!」 私は父から、そう言われて育ちました。

父は若いころ、プロ野球選手になるという夢を持ち、高校野球や社会人野球で活躍していました。しかし、西鉄ライオンズ(現西武ライオンズ)からスカウトを三度受けたにもかかわらず、三度とも断り、結局プロ野球選手になるという夢を自分自身で握りつぶしてしまいました。

父は福岡県の三池工業高校野球部の主将でした。高校3年生の春、原辰徳さん(現読売ジャイアンツ監督)の実父で、のちの名将と言われる原貢《はらみつぐ》氏が総監督として就任し、当時、主将だった父が原監督の一番弟子になりました。原監督の指導でポテンシャルが開花した父は、わずか数か月でプロ野球にスカウトされるところまで育ててもらったのです。

ところが、その後、三度にわたりスカウトを断ってしまいます。

一度目の理由は、原監督からの「社会人野球で活躍してからにしろ」というアドバイスを聞いて。二度目は「ルーキーイヤーだからもう1年だけ実力をつけてから行こう」と思って。三度目は「もう1年だけ社会人野球で具体的な結果を残してからでも遅くはない」と思ったからだそうです。

……父の前に、4回目のスカウトが来ることはありませんでした。

のちに、父は自分の選択を客観的に振り返り「プロに行って結果を残せなかったら……」そんな不安を克服することができずに断ってしまった、と深く後悔したそうです。

そんな父の人生経験から、私は「自分を克服して成功する」という想いが詰まった「克成」という名前を授かります。私には後悔する人生を歩んでほしくないと、「ビビったらGOだぞ！　後悔だけはするなよ！　ビビったら腹を括れ」と物心ついたころには、口酸っぱく言われていました。おかげで、私の人生は「ビビったらGO！」の挑戦の連続です。父が自らの後悔を教訓に変えてくれたことに感謝です。

後悔と共に生きていく人生では、悦ろうにも悦れません。たった一度の人生です。ビビったらGO！　自分自身の背中を押す言葉として使ってみてください。

76

父の後悔から生まれた「プロ精神八ヶ条」

なぜ何度もスカウトされたにもかかわらず、プロの世界で挑戦しなかったのか。なぜ不安に打ち勝てなかったのか。父は、その原因を探るべく、プロの世界で活躍する一流の選手にインタビューして回ったそうです。原辰徳さんや衣笠祥雄さんなど、当時プロで活躍していた選手たち十数名にインタビューをしたのだとか。その結果、**一流と二流を分ける違いを見つけ、「プロ精神八ヶ条」としてまとめ上げました。**

その後、父はその教えを元に2人のプロ野球選手を育て上げ、また「子どもたちにこの精神を持ってもらえば才能がある子はプロで活躍し、才能に恵まれなかった子も立派な社会人として活躍できるだろう」と、リトルリーグを創設しました。全盛期には選手が100名を超え、5つのチームに分割し、それぞれのリーグに自分の後輩を監督に据えてプロ精神八ヶ条を徹底させました。さて、父が自身の失敗から得た八ヶ条を紹介します。

プロ精神八ヶ条

一条　自分の進む道を決め、具体的な夢、目標を持て。
二条　夢、目標に向かって毎日やるべきことを決めろ。
三条　今日やるべきことを今日やれ。そして、何が何でも継続しろ。
四条　毎日の努力は誰よりも集中して短時間で終えろ。
五条　補欠思考、目標の妨げになる環境を自らの意思で断て。
六条　常に上のステージでプレーしていると思え。
七条　体調管理を徹底しろ。
八条　全ての人や起こる事に感謝を忘れるな。

じつは、この父の教えこそが、本書で紹介している「悦る習慣」の原点です。
父が苦しみ抜き、感謝と祈りの先にたどり着いたこの珠玉《しゅぎょく》の教えを、私の人生で実践し、同時に、多くの人の夢や目標に影響を与える教えに昇華させていくこと。それが私の宿命です。

77

死んだあとに後悔しない生き方

私には理想とする死に方があります。それは、ピンピンコロリの老衰だとか、勇敢に戦って死ぬ、といった話ではなく、どんな死に方であっても、**「最後の一瞬は、悦って死にたい」**ということです。

強くそう思った原体験がありました。2011年3月11日14時46分。日本を襲った東日本大震災です。

そのとき私は、新宿のビルの5階のカフェで打ち合わせをしている最中でした。「ゴォー」という不気味な地響きが鳴り響いたあと、ビルがギシギシと揺れはじめると、その場に立つこともできないほどの大きな揺れに変わっていきました。

店内は阿鼻叫喚《あびきょうかん》。私は、ついに長年恐れられていた直下型の大地震が東京を襲ったのだと思いました。建物の揺れ方から、このビルが崩れるのも時間の問題だろうと思いました。太刀打ちすることもできない大自然の力の前になす術もないと観念した瞬間、**私の脳裏に「全部間違えていた」という言葉が浮かびました。と同時に「なぜ、死んだあとに後悔しない生き方をしてこなかったのか」と、これまでの人生のすべてを後悔しました。**

あのときの感覚を言葉で伝えるのはとても難解ですが、「死んだあとに後悔しない生き方」が、あの日以降の私のテーマになりました。

寿命は誰にとってもいつ訪れるかわかりません。1時間後かもしれないし、何十年も先のことかもしれません。でも、遅かれ早かれ、死は必ずやってくるし、その瞬間は誰にも知らされていません。ある日突然、寿命が訪れたとき、私は「ああ、最高の人生だったな」と何の後悔も不安もなく最高に悦った心で逝きたい。

であれば、今日1日、私と私のまわりの人たちの悦れている時間の割合を、可能な限りたくさん増やせるように、自らの人生をプロデュースしていきたいものです。

あなたの悦る人生をプロデュースできるのは、ほかの誰でもなく、あなただけです。

今日からあなたの人生が、悦びで埋め尽くされるように祈っています。

おわりに

いつか死ぬときのために、24時間、悦っておこう

ここまで77個の「悦る習慣」を紹介しました。

共感できるものもあれば、「難しいな」と感じるものもあったことでしょう。

少しずつでいいので、あなたの「悦」を増やしていってください。

自分の「悦」を探している時間が増えるだけで、今の人生の何十倍もハッピーになれます。人は、お金持ちになったら幸せになれるのではなく、成功したら幸せになれるのでもなく、また、何かができるようになったから幸せになる、というわけでもありません。

幸福な人生にするために壮大な夢や志は不要です。日々の「悦る習慣」や、すでに悦っている自分をいかに発見できるかのほうが、何十倍も大切なのです。

ここで、脳科学的に証明されている「悦る」ことの威力をひとつ紹介しましょう。

ディズニーランドが好きな人は多いと思います。当然ディズニーランドに行って遊んでいる時間は楽しいですよね。

ところが、脳はディズニーランドで遊んでいる最中よりも、ディズニーランドに向かっている道中のほうが、セロトニン、ドーパミン、エンドルフィンなどの幸せホルモンを約1000倍近く分泌しているそうです。

実際に楽しんでいる瞬間よりも、楽しいことをイメージしている瞬間のほうが脳は活性化し、より幸せを感じているということ。これが、まさに「悦」です。日々の「悦る習慣」を楽しみ、自分だけの「悦」が増えていけば、あなたは今日からどんどんハッピーになっていきます。

自分の夢の「悦ポイント」を見つける

本を売るためのリヤカーでの日本一周の旅を終え、すっかり心が燃え尽きてしまった私は、数か月の間、新潟県でひとりきりで過ごしました。

そのころは、不眠症やパニック障害も併発して、ある意味、人生二度目の暗黒期でした。恨みつらみや怒りで満たされていた私は、何か月も心のなかでマイナスの言葉を繰り返していました。当然、私の体内の水の結晶はぐちゃぐちゃだったでしょうから、心の病だけではなく、身体的な病気になることも時間の問題でした。

本編でも書きましたが、あるとき私は、自分の子ども時代の夢を書き出してみました。少しでも身体にいい水の結晶にしたかったからです。子どものころの夢やあこがれ、やりたかったこと、欲しかった物など、ノートに思いつくかぎり書き出しました。

思いつくたびに書き足したり、見返したりしていると、小学校の4年生から6年生のころに抱《いだ》いていた夢が、まるでスポットライトを当てたかのように浮かび上がってきたのです。

「ボクシングの世界チャンピオン」

その夢を見た瞬間、「俺のガキのころの夢を叶えてあげなきゃ」という気持ちになりました。しかし、そのときの私はすでに40歳。プロライセンスは取れない年齢です。

でも、ここであきらめるわけにはいきません。

そこで、子どものころの私は「世界チャンピオン」の〝どんなところ〟に「悦」を感じていたのかを考えてみました。

すると、私にとっての「悦」は、弱かった主人公が人知れず、一生懸命に修行をして強くなっていくサクセスストーリーにあることに気がついたのです。

それを得られる手段のひとつが、「ボクシングの世界チャンピオン」でした。


学生時代に青春を捧げたバスケットも、3年間引き続けたリヤカー行商も、まったく同じ「悦」で継続することができていたのでした。

そのことに気づくと、私自身が選手としてではなくとも、若い選手と二人三脚で共に世界チャンピオンを目指すことができれば、私の子どものころの夢も叶えられると思ったのです。

悩り続けるために、夢を追った4年間

そんなタイミングで知人から紹介された本がきっかけとなり、大学のころから夢中になって観ていたK-1ジムの見学に行くことにしました。

その際にミットを持って私の指導にあたってくれたのが、当時はまだ無名の26歳、九州熊本出身のK-jee（ケージ）選手という若者でした。体験トレーニングでK-jee選手の考え方に感化された私は、その日にジムに入会し、新潟から東京に戻ってくることを決めました。翌日から毎日レッスンに通うようになったのです。

あとあと振り返ると、その日を境に何か月も悩まされた私の不眠症やパニックの症状は解消され、夜もぐっすり眠れるようになっていました。

暇な時間があればYouTubeでお気に入りの選手の試合を観て、今日習ったパンチやキックの打ち方を研究しました。朝は6時に起きてロードワーク（格闘技の選手たちはランニングのことをこう呼びます。かっこいい♪）に出て、ランニングコースの河川敷でシャドー

ボクシングのマネごとをして、氏神様のいる神社に参拝して必勝祈願（試合はない）。一般会員向けの練習がはじまる夕方4時までに仕事を終わらせて、クタクタになるまでジムで練習をして帰宅する。

そんなふうに自分が悦れる毎日を過ごすようになると、相乗効果で、仕事の売上も増えていきました。あの日以来、すべてが右肩上がりの毎日です。

K-jee選手と出会って2年後、彼のスポンサーとセコンドをやらせてもらえることになったとき、出会った当初の話を共有させてもらいました。

私の小学生のころの夢がボクシングの世界チャンピオンだったこと。

大学時代にK-1を観て再び世界チャンピオンになりたいとあこがれたけれど、ビビってできなかったこと。

社会人になり、同世代で活躍していた魔裟斗選手や小比類巻選手、山本キッド徳郁選手を観て、子どものころからの夢が何度も頭をよぎったのに、年齢を言い訳に見て見ぬふりをして40歳まで来てしまったこと。

新潟でひとり燃え尽き症候群の療養中、自分がやりたいことから逃げるのはもうやめよう、年齢や可能性を言い訳に見て見ぬふりをする人生は終わりにしよう、そう思いK－1ジムの体験会に勇気を振り絞って申し込んだこと。

何度も引き返そうと思う自分を振るい立たせて、新潟から東京のジムまで死に物狂いで這いつくばってたどり着いたこと。

そんなことをK-jee選手と酒を酌み交わしながら話しました。

「俺は、俺のガキのころの夢を叶えてあげたくて、その夢を勝手にK-jee選手に託しているので、やれることは全部やらせてください。K-jee選手が世界チャンピオンになることは、俺の夢でもあるから」

そんな話をしてから、さらに2年の月日が流れた2020年。世界中が新型コロナの恐怖に怯えていました。

その後、世界各地でおこなわれたロックダウン（都市封鎖）がようやく解除されはじめ、世の中が動き出した初夏。K-jee選手から1通のLINEが届きました。

「世界タイトルマッチが決まりました。田中さんの夢まであと1勝です。必ず獲りますので、セコンドで一緒に闘ってください」

何年も前に酒の席で私が話したことを覚えていてくれたことに、感動し、胸が熱くなりました。

2020年11月3日、当時2年以上にわたってチャンピオンベルトを保持し続けていたイランの英雄シナ・カリミアン選手と対戦し、1RレフェリーストップのTKOで勝利をおさめ、彼は見事、第2代K-1クルーザー級世界チャンピオンに輝いたのです。

控え室に戻ると、K-jee選手は腰に巻いたチャンピオンベルトを外し、私の腰に巻いてくれました。

「田中さん、ガキのころの夢は叶いましたか?」

満面の笑みでそう言ってくれたときの感動と感謝は、これからも一生忘れることはないでしょう。

人は幸せになるためではなく、宿命を果たすために生きる

新潟で療養する日々を過ごしながら子ども時代の夢を思い出したときに、「年齢的に無理だから」とあきらめて、ほかの夢を追う選択肢もありました。

ですが、あきらめる前に「世界チャンピオン」にはどんな「悦」が隠れているのかを探したことが、私の人生を180度変えてくれることになりました。

あの日以来、私の人生は楽しくて楽しくて仕方ありません。

本書で紹介した77個の習慣をどれかひとつだけでも試してみてください。それだけであなたの人生は動き出すでしょう。

日々「悦る習慣」で幸せな人生を送ることができれば、いつか人生を終えるときに、感謝の気持ちいっぱいに次の世界へ旅立てるはずです。

本書の原稿が〆切を迎える日、友人のTwitterの投稿でこんな言葉を見つけました。

「人は幸せになるために生きるんじゃなくて、宿命を果たすために生きるんだって」

何か月も「幸せになるため」の本書を執筆してきた最終日に、この言葉に出会えて、とても清々しい気持ちになりました。

「悦る習慣」を実践し、本当の幸せ、本当の悦びを得られたとき、私たちはこの命に宿された役目（宿命）を果たすことができるのではないでしょうか。

あなたの毎日が、悦びにあふれた人生となりますように。

２０２２年12月吉日

田中克成

Thanks For

２０１６年１月に、『成功のバイオリズム［超進化論］あきらめなければ人生は必ず好転する』（きずな出版）を出版してから、２冊目の本書を出版するまでに、じつに７年もの月日が流れました。リヤカー行商をやり遂げ、順風満帆と思った矢先の急転直下。奈落の底に転げ落ちていくのはあっという間でした。多くの耐え難い辛酸も味わいました。そんな私を助けてくれた人たちがいます。

私の兄貴分である永松茂久さん、盟友であり弟のような存在の言海祥太（了戒翔太）くん、メンターである馬場真一さん、本書でもご紹介した不良牧師アーサー・ホーランドさん、リヤカー行商以前から支えてくれた大滝万里ちゃん。彼らがいなければ、私はあのとき、人生の闇に完全に呑み込まれていたと思います。

第２代Ｋ－１クルーザー級世界王者K-jee選手、彼との出会いが私の再起に欠かせない運命のご縁となりました。師匠の川原悠伍さん、富永香里さん、２人の存在なくして私の人生はもはや語りようがありません。マーケティングコーチの横田伊佐男先生、一人親方だった私の会社がチームとして動き出しました。コミュニティオーナー会の前田出先生、大沢清文さんには、コミュニティビジネスの基礎を教わりました。私にいつもさまざまなチャンスをくれる盟友の岡崎かつひろさん、「悦」に世界的大ヒットの可能性を感じると希望をくれた本田健さん、いつも私を気にかけ可愛がってくれる江上治さん、そんなメンターたちの存在に心から感謝しています。また、私のチームANDRYUのメンバーで、バックオフィスを鉄壁の守備で支えてくれている鈴木紗季ちゃん、安川典子さん、佐々木彩ちゃん。稼ぎ頭のコピーライター小林優也くん、エンジェル投資家として挑戦させてくれたANDBODYの道端竜也ことジェシー、実務的にも精神的にも私たちをサポートしてくれる小野みかちゃん、和田ロコちゃん、本当にありがとう！　そしてそんな私たちと一緒にお仕事をしてくれている、わらしべ商人倶楽部、10Xコピーライティング道場、ＧＩＦＴファシリテーターズ、マネーキャリア協会、のりぴのビジネスクラス、毎朝6時半から７００日連続で朝活を盛り上げてくれた「ギフラボ」の仲間たち、本書の制作に一役も二役も買ってくれたオンラインサロン「悦コミュ！」の悦友たち、ありがとうございます！

また、本書でご紹介させていただいた素晴らしい教えを授けてくれた先生方、「悦」の可能性をいち早く察し書籍化まで導いてくれた小寺裕樹編集長、抽象度の高い概念を言語化してくれたブックライターの戸田美紀さん、本書を世に送り出してくださったすばる舎のみなさまに、心から感謝します。

そして、私の命の源である両親には３６５日毎朝、毎昼、毎晩、感謝しています。両親の教え、生き様、哲学が、今の私を創ってくれました。そんな両親の子どもに生まれてきて世界一ラッキーです。両親の命をつないでくれた祖父母をはじめ、先祖代々の命のリレーに心から感謝します。大自然と大宇宙の奇跡の営みにただただ感謝します。

そして最後に、何歳になっても死ぬほど可愛いわが子たち！　生まれてきてくれてありがとう！たった一度の人生、思いっきり悦れよ！　愛してるぞ！

参考文献一覧

『水は答えを知っている』江本勝 著 (サンマーク出版)

『ソース～あなたの人生の源は、ワクワクすることにある。』
マイク・マクマナス 著／ヒューイ陽子 翻訳（ヴォイス）

『思考は現実化する』ナポレオン・ヒル 著／田中孝顕 翻訳（きこ書房）

『世界のエリートがやっている 最高の休息法』久賀谷亮 著（ダイヤモンド社）

『医者が教えるサウナの教科書』加藤容崇 著（ダイヤモンド社）

『人とお金』斎藤一人 著（サンマーク出版）

『新訳 歎異抄―わかりやすい現代語訳』松本志郎 著（中央公論事業出版）

『レオナルド・ダ・ヴィンチの手記（上下巻）』レオナルド・ダ・ヴィンチ 著／杉浦明平 翻訳（岩波書店）

『一生かかっても知り得ない 年収1億円思考』江上治 著（経済界）

『最高の幸せは、不幸の顔をしてやってくる！』しんちゃん 著（かんき出版）

『[新訳]老子　雲のように、水のように、自由に生きる』岬龍一郎 編訳（PHP研究所）

『新しい腸の教科書　健康なカラダは、すべて腸から始まる』江田証 著（池田書店）

『長生きしたけりゃ 小麦は食べるな』本間良子 著（アスコム）

『人生がときめく片づけの魔法 改訂版』近藤麻理恵 著（河出書房新社）

『前祝いの法則』ひすいこたろう 著／大嶋啓介 著（フォレスト出版）

『不良牧師！「アーサー・ホーランド」という生き方』アーサー・ホーランド 著（文藝春秋）

『あなたは愛されている: -You Are Loved-』アーサー・ホーランド 著（ANDBOOKS）

『天才！ 成功する人々の法則』マルコム・グラッドウェル 著／勝間和代 翻訳（講談社）

『一流だけが知っている自分の限界を超える方法』高畑好秀 著（中経出版）

『My Credo』浜口隆則 著／村尾隆介 著（かんき出版）

『朝時間が自分に革命をおこす 人生を変えるモーニングメソッド』
ハル・エルロッド 著／ 鹿田昌美 翻訳（大和書房）

『迷えるリーダーがいますぐ持つべき1枚の未来地図』横田伊佐男 著（日経BP）

『完訳 7つの習慣 人格主義の回復』
スティーブン・R・コヴィー 著／フランクリン・コヴィー・ジャパン 翻訳（キングベアー出版）

『GIVE & TAKE 「与える人」こそ成功する時代』
アダム・グラント 著／楠木建 監訳（三笠書房）

『30代からはじめるビジネス断食』北島昭博/エリカ健康道場 著

書籍では
伝えきれな
かった

「悦」のもっとイイ話。

読者限定無料プレゼント

3つのギフト

❶ 深過ぎてボツになった幻の原稿PDF

❷ みんなの悦る習慣PDF

❸ 77人の成功者の悦る習慣対談（動画・音声）

ここまで読んでくださったあなたに、もっと悦を知ってもらい、あなたの悦を究めてほしいので、あれもこれも全部差し上げます！
さらに、下記の公式LINEで秘密のキーワードを送信するとマル秘特典がまだまだ複数GETできます。公式LINEのリッチメニューから探してみてくださいね。

https://lin.ee/GeNYz3n

・特典の配布は予告なく終了することがございます。予めご了承ください。
・動画、音声、PDFはインターネット上のみでの配信になります。予めご了承ください。
・このプレゼント企画は、田中克成が実施するものです。プレゼント企画に関するお問い合わせは「https://andryu.co.jp」までお願いいたします。

著者プロフィール

田中克成（たなか・かつなり）

ファンマーケティングの専門家。3社8事業経営。カードゲームGIFT考案者。出版プロデューサー。著者。メンタルコーチ。1000人以上の成功者にインタビューを重ね数々のユニークな成功法則を発表する講演家としても知られる。2009年、プロフィールライターとして独立。36名の新人著者をプロデュースし、累計発行部数は47万部。2013年、出版社を創業。リヤカーで日本一周行商をおこない1万3447冊を販売。その活動はテレビや新聞などで取り上げられ「リヤカー出版社」として話題を呼ぶ。また上場企業をはじめ多くの企業やスポーツチームが導入するカードゲーム『GIFT』の考案者でもある。同ゲームはボードゲームメッカのヨーロッパでも話題となった。2016年、『成功のバイオリズム［超進化論］』（きずな出版）を出版。センセーショナルなストーリーと500人の成功者に共通した新しい成功法則が話題を呼び、全国書店で続々とランキング1位を獲得。現在は、オンラインスクールの主宰や若い起業家を支援するエンジェル投資、オーダースーツブランドのプロデュース、日本最大級の読書術コミュニティ「わらしべ商人の読書術」など、数百数千人規模のビジネスコミュニティの企画·立ち上げを次々と手掛ける。また、プライベートではK-1世界王者のメンタルコーチ、セコンドとしても活動。自身が理念に掲げる「与えて与えてみんなで勝つ」の体現者として世界を股に掛け活動している。1977年長崎生まれ。“たなかつ”の愛称で親しまれている。

自分をよろこばせる習慣

今日からうまくいくシンプルな77のこと

2023年2月7日　第1刷発行
2023年7月6日　第6刷発行

著　者　　田中克成

発行者　　徳留慶太郎
発行所　　株式会社すばる舎
〒170-0013　東京都豊島区東池袋3-9-7 東池袋織本ビル
TEL　03-3981-8651(代表)　03-3981-0767(営業部)
FAX　03-3985-4947
URL　https://www.subarusya.jp/

印刷・製本　　モリモト印刷

落丁・乱丁本はお取り替えいたします

ISBN978-4-7991-1102-4